Ils ont
échangé
mon enfant

Ils ont échangé mon enfant

SOPHIE SERRANO

AVEC PIERRE PERNEZ

City

Témoignage

Photo de couverture : © Roxane Petitier

ISBN : 978-2-8246-0606-4
Code Hachette : 10 4148 4
Rayon : Témoignage

Collection dirigée par Christian English et Frédéric Thibaud
Catalogues et manuscrits : www.city-editions.com

Dépôt légal : Octobre 2015
Imprimé en France par France Quercy - Mercuès - N° 51157/

À ma maman, Joëlle.
À Antoinette Fouque.

Préface

C'est l'histoire d'une terrifiante erreur d'aiguillage existentielle dans une maternité. Deux mères accouchent et repartent avec des bébés qui ne sont pas les leurs. Un échange d'enfants qui aboutit à un échange de vies, d'histoires, de couleurs, de douleurs, de gènes, dont la preuve sera rapportée après des péripéties rocambolesques et au bout, tout au bout, de l'amour !

Une adoption forcée, miraculeusement réussie, où chaque enfant trouve l'amour auprès d'une mère d'emprunt, de hasard, qui devient sa mère de tendresse, comme si le sang comptait moins que le cœur : une victoire de l'adoption, donc.

Mais, que de malheurs avant d'y arriver, d'humiliations, d'incertitudes !

À la fin des fins, il aura fallu plaider pendant des années pour faire reconnaître la responsabilité de la clinique et enfin obtenir gain de cause. Que les auteurs de ce livre, Sophie Serrano et Pierre Pernez, soient remerciés d'avoir su trouver les mots justes pour répondre à cette question : « Où est mon enfant ? » dans tant d'amour qui transcende toute différence.

Mais ce triomphe, c'est d'abord l'œuvre d'une femme et d'une enfant que ce livre raconte, reconstruit au fil des vies qui s'écoulent souvent comme des larmes le long des joues. L'ombilic des drames peut devenir le lien de l'amour ; c'est ce que dit cette histoire.

Me Gilbert Collard

Le cœur d'une mère

C'est avec le cœur d'une mère que j'ai noirci les pages de cet ouvrage afin de raconter mon histoire. Ce n'est pas seulement mon récit, mais aussi celui de ma fille Manon. Les mots sont parfois difficiles à trouver lorsqu'il s'agit de raconter son propre passé. Il m'aura fallu plusieurs mois de travail afin de mettre des mots sur mes maux.

La construction de ce livre a été pour moi une véritable thérapie. L'écriture a dénoué mes nœuds d'angoisse, de mal-être et de tristesse. Aujourd'hui, je respire, je vis, et Manon et moi nous avançons pleinement et sereinement sur le chemin de l'existence.

Jamais je n'aurais pensé vivre une telle histoire, une telle aventure. J'ai toujours élevé Manon comme si elle était ma fille de sang et, par-delà cette terrible épreuve, nos rapports sont devenus encore plus forts. Manon n'est pas ma « vraie fille », mais elle est plus que cela... Notre lien est unique. Entre nous, il s'agit d'un rapport métaphysique, d'une communion universelle.

Manon n'a pas mon héritage génétique et, pourtant, elle me ressemble. Nous avons le même caractère, les mêmes pensées, la même énergie. Si elle n'a pas mon sang, elle a mon héritage de vie. Elle fait partie de moi, tout comme mes autres enfants.

Cette expérience terrible m'a fait voir le monde autrement. J'ai eu des préjugés concernant l'adoption, mais, aujourd'hui, je vois cela d'un œil différent : nous pouvons aimer un enfant même s'il n'est pas de notre sang. L'amour est multiple et pour tous.

Au fil des pages, vous comprendrez à quel point Manon est ma chère fille et que les frontières génétiques sont une question dépassée.

1

Mes premières années

Le danger de la maternité : on revit ses premières années avec les yeux de sa propre mère.

Joyce Carol Oates

C'est à Grasse, dans les Alpes-Maritimes, que ma mère, Joëlle, me mit au monde le 7 novembre 1975, à l'hôpital du Petit-Paris. Mon père, Idelphonse, était présent pour cet heureux événement. Il n'a pu, à cet instant, réprimer quelques larmes de joie.

J'étais le premier enfant de la famille : ma venue a illuminé leur vie et les a remplis de bonheur. À ma naissance, maman était encore jeune : elle n'avait que dix-sept ans. Mon père, lui, avait quatre ans de plus.

Mes parents se sont rencontrés en 1973. À cette époque, Claude François chantait *Chanson populaire*, et Michel Sardou, *La maladie d'amour*. Une période où tout allait bien, où la vie était très différente.

Ma mère avait quinze ans, mon père, dix-neuf. Ils ont tout de suite eu le coup de foudre. Pour eux, leur amour était une évidence. Ils n'ont pas attendu longtemps pour concevoir leur premier enfant. Mais s'aimaient-ils réellement ? Il est difficile de le savoir. Ils étaient toujours très discrets et je n'ai jamais pu apercevoir, entre eux, le moindre geste d'affection.

Ma mère est née à Hombourg en 1958. C'était une femme douce et gentille. Elle était vraiment admirable et toujours aux petits soins avec moi.

À mes yeux, elle était la plus belle des mamans. Avec ses cheveux châtain clair et ses yeux bleus, elle ressemblait à la chanteuse Jeane Manson. Je me souviens de sa douceur, de sa fragilité, mais c'était aussi une femme courageuse qui avait beaucoup de caractère. Elle m'a élevée en me donnant énormément d'amour.

Mon père était, à mes yeux, l'homme idéal. D'origine espagnole, il avait le teint mat, les cheveux bruns. Il était athlétique puisqu'il pratiquait la boxe. J'étais très fière de lui.

L'image de mon père dans cette gigantesque salle de sport au plafond si haut est ancrée dans ma mémoire. J'adorais le voir boxer sur le ring. Au plus profond de moi résonnent encore les bruits des coups qu'il portait à celui qui était en face de lui.

Vu la carrure de mon père, je n'aurais pas aimé être celui qui les recevait. L'image de son visage ruisselant de sueur, l'odeur de la transpiration sont gravées dans ma mémoire. Il a gagné plusieurs championnats. C'était tout un boxeur, mon papa. Il était mon idole. À mes yeux de petite fille, c'était l'homme le plus fort du monde.

C'est aussi mon papa qui m'a appris à nager. À cette époque, la mode qui consistait à amener les bébés à des séances de « bébés nageurs » pour que l'enfant se familiarise avec l'eau en faisant tout seul mille et une expériences aquatiques. Le principe consistait à mettre sous l'eau le bébé, qui devait automatiquement remonter. Mais moi, pour ne pas faire comme les autres, je ne suis pas remontée. Ma mère, affolée, criait :

— Elle se noie ! Elle se noie !

Heureusement, quelqu'un m'a sortie de l'eau, juste à temps. Depuis ce jour, j'ai une véritable phobie de l'eau. J'ai mis du temps à apprendre à nager et, même aujourd'hui, je ne nage jamais là où je n'ai pas pied.

Mes premières années à Grasse, petite ville provençale où la chanteuse Édith Piaf a rendu l'âme, furent très agréables. Trois ans après ma naissance, en août 1978, ma mère mit au monde ma sœur Nelly. Un an plus tard, en septembre 1979, ce fut au tour de mon frère Laurent de voir le jour. Je n'étais plus la seule et unique fille de mes parents ; je devais apprendre à partager mon univers, mais j'en étais heureuse. Être l'aînée me donnait des responsabilités. J'en étais très fière.

En été, nous bénéficiions de la douceur du climat méditerranéen et nous en profitions pour aller jouer sur le lac avec un bateau pneumatique. J'ai encore le souvenir des rires de mon frère et de ma sœur. Nous passions notre temps à faire des bêtises, mais cela faisait sourire nos parents.

Quand nous n'étions pas sur l'eau, nous allions nous promener en forêt. J'ai encore en mémoire les cris des oiseaux qui nous offraient comme un chant de liberté. Je ne peux oublier ce parfum d'été accompagné de ce mistral qui embaumait agréablement l'air. Ces balades en famille sont des instants de vie ancrés à tout jamais dans ma mémoire.

Parfois, nous allions passer quelques jours à la campagne chez ma tante Paquita, la sœur de mon père. Là, nous étions une ribambelle d'enfants : mon frère, ma sœur, mes cousins et moi. Chaque jour, la fête était au rendez-vous, et le jardin était notre cour de récréation. Au programme : cache-cache, notre jeu favori.

Nous étions des enfants pleins de vie. Dans le jardin, il y avait un grand bassin, rectangulaire et assez profond, qui servait de piscine.

L'eau n'était pas claire et transparente comme celle d'une piscine traditionnelle. Les autres y entraient sans aucune appréhension. Moi, il me fallait quelques minutes avant de surmonter ma peur et suivre le groupe. Je me retrouvais dans cette eau, certes trouble mais tellement fraîche.

Nous nous amusions à nous balancer de l'eau les uns sur les autres et nous faisions tout un cortège de bêtises. À cet âge-là, un rien nous faisait rire. Nous étions riches de rêves et pleins d'insouciance.

Chaque fois que je pense au jardin de ma tante, je revois les rosiers, qui me paraissaient immenses. Depuis, j'ai toujours été subjuguée par la beauté d'une rose. À l'intérieur de cette fleur se cachent tant de délices. Son odeur provoque un sentiment de légèreté. La rose m'a toujours fait voyager, comme les contes des fées.

Petite, j'étais plutôt jolie : brune aux cheveux longs avec des yeux noisette. Je fréquentais l'école maternelle du Cours Honoré Cresp, à Grasse. J'avais des copains et des copines. Dans la cour de l'école, les jeux animaient nos moments de détente. En classe, j'écoutais attentivement la maîtresse. J'étais une élève très calme, assidue et attentive. Parfois, je dois le reconnaître, mes pensées s'en allaient dans des voyages extraordinaires. Je me disais : *Quand je serai grande, je serai maîtresse ou infirmière*. J'avais, en fait, probablement les mêmes envies que toutes les petites filles de mon âge.

Mes parents passaient beaucoup de temps à travailler. Ils tenaient un étal de légumes au marché. Les week-ends, j'allais avec eux pour les aider. L'odeur des légumes parfumait ma journée.

Chez moi, j'écoutais à la radio les chansons de Mike Brant, diffusées tout au long de la journée. J'aimais beaucoup cet artiste qui, hélas, est décédé l'année de ma naissance. Le personnage m'hypnotisait ; il dégageait une aura unique. Mike Brant avait une incroyable puissance vocale, et des chansons comme *Rien qu'une larme dans tes yeux*, *Qui saura* ou *Dis-lui* ont bercé ma tendre jeunesse.

Bien évidemment, ce chanteur d'Israël n'est pas le seul à avoir éveillé mon intérêt pour la musique. Il y avait aussi Jean-Jacques Goldman, Johnny Hallyday et Michel Berger. Dans ma chambre, en revanche, je n'avais aucun poster de mes chanteurs fétiches accrochés aux murs. J'aurais bien aimé, mais je partageais cette pièce avec mon frère et ma sœur, ce qui rendait l'intimité pratiquement impossible.

C'était une chambre très classique, sans décoration, car mes parents n'avaient pas les moyens financiers pour le superflu.

Je me souviens encore du bruit de nos pas sur le beau parquet en bois qui grinçait lorsqu'on marchait un peu trop brutalement. La nuit, il était très difficile de sortir de la chambre sans faire de bruit. J'ai vécu de très bons moments dans cet appartement.

Le soir, mon frère, ma sœur et moi, on s'amusait à sauter sur les lits des uns et des autres. On hurlait de rire. Mon père, depuis le salon, nous entendait et venait nous gronder et calmer notre agitation. Mon père était autoritaire ; il aimait la rigueur. Je le craignais et, dès qu'il haussait le ton, je devenais silencieuse. Jamais je n'aurais osé le défier. Je n'étais pas non plus un adversaire de poids ni de taille comme l'étaient ceux sur le ring. J'étais tout simplement sa petite fille.

Nous avons été éduqués à l'ancienne, avec des principes fondamentaux : les enfants ne parlaient pas à table, la parole étant réservée aux adultes. Je buvais avec admiration chaque parole de mon père. J'étais une petite fille très sage, formatée à l'image de papa.

Maman était douce et gentille. Ses yeux brillaient d'admiration lorsqu'elle nous regardait. Elle était très fière de nous, ses enfants, et, d'ailleurs, pardonnait toutes les bêtises que nous pouvions faire. Chaque matin, elle me coiffait pour que je sois la plus belle, non pas pour aller danser comme le chantait Sylvie Vartan, mais pour aller à l'école. Je me souviens que je devais rentrer le soir avec la même coiffure, sinon maman était contrariée. Je prenais donc bien garde à ne pas me décoiffer.

Ma mère aimait aussi nous envoyer chez le photographe pour faire des portraits. Elle a toujours voulu figer le temps. Sans doute parce qu'elle avait peur que l'avenir lui échappe, un jour. Ces moments chez le photographe étaient importants. C'étaient des instants privilégiés entre maman et nous. Elle était tellement contente qu'elle dégageait des ondes positives qui nous réjouissaient.

Aujourd'hui, je repense à tout cela avec beaucoup de nostalgie. Parfois, je me surprends à regarder les clichés de jadis avec une pointe de mélancolie, car c'étaient véritablement des moments de grande insouciance.

Nos parents ont fait le maximum pour qu'on ne manque de rien. Ils n'avaient pas beaucoup de revenus, mais ils économisaient pour nous offrir le meilleur. Nous avions des cadeaux aux anniversaires et à Noël. En dehors de ces fêtes-là, nous n'en recevions pas, mais nous trouvions cela largement suffisant. Ce n'était évidemment pas du tout comme aujourd'hui, où les enfants sont ultra-gâtés, ce qui n'est pas forcément une bonne chose.

Une seule fois, mes parents ont fait une entorse à la règle. Un jour, alors que j'étais à la maison, je vis mes parents venir vers moi avec le sourire. Mon père me dit :

— Nous avons une surprise pour toi.

— Quoi donc ? dis-je, l'air étonné.

— Regarde derrière toi, dit mon père.

Je me suis retournée et j'ai vu un splendide vélo blanc. Celui dont je rêvais. Il était magnifique. Je me voyais déjà partir de bon matin sur les chemins, à bicyclette.

C'est la seule et unique fois que mes parents m'ont offert un cadeau en dehors des périodes de fêtes. Autant vous dire que ce moment, je ne l'oublierai jamais et souvent j'y repense aujourd'hui.

Mes parents, malgré leur jeunesse, ont tout fait pour que nous soyons heureux. Ils nous emmenaient par exemple au zoo de Fréjus. C'était toujours un événement.

Dans le rétroviseur des souvenirs, les images ne cessent de défiler. Je revois les singes, adorables, sauter d'un endroit à l'autre. Je revois l'immense lion à la fourrure d'or se prosterner devant nous. Je revois aussi le loup, animal à la fois sympathique et mystérieux. Il y avait les éléphants, les hippopotames, les zèbres, les kangourous, les canards, les cygnes, les vautours...

Nos balades au zoo étaient riches d'informations, de découvertes et d'amusements. J'en garde d'excellents souvenirs. J'ai encore en moi, comme un parfum d'autrefois, l'odeur des animaux, mélangée à quelques senteurs de pop-corn.

J'ai toujours adoré les animaux. Nous avions une chienne, Yéna. C'était un magnifique berger allemand, très athlétique. J'aimais lui faire des câlins et jouer avec elle. Un jour, elle est tombée enceinte et elle a accouché de plusieurs chiots. Quand j'ai appris cette bonne nouvelle, je me suis précipitée dehors pour aller voir la nouvelle descendance de ma chienne. Mais ma curiosité de petite fille n'était pas du goût de Yéna, qui est arrivée vers moi en grognant.

J'étais terrorisée, ses yeux me fixaient. Il n'y avait pas de doute : elle voulait m'attaquer. Je n'étais plus son amie, mais une rivale, une concurrente qui allait lui enlever ses bébés. La haine de ma chienne me terrorisait et je n'osais plus bouger.

Je sentis des bras me saisir. C'était le voisin du rez-de-chaussée qui, voyant la scène, me hissait de sa fenêtre. Heureusement pour moi, car je ne sais pas à quelle sauce j'aurais été mangée.

Je ne peux pas en vouloir à ma chienne. C'était son instinct animal ; elle voulait protéger ses petits. Aujourd'hui, en tant que maman, je le comprends : moi aussi, je ferais tout pour protéger mes enfants. Mais, je l'avoue, petite, la chose m'avait terrorisée.

Nous allions aussi à la fête foraine à Grasse. C'étaient des moments magiques pour la petite fille que j'étais. Mes yeux scintillaient en voyant toutes ces couleurs festives, ces autos tamponneuses qui ne cessaient de se battre en duel, le carrousel qui tournait indéfiniment pour notre bonheur, et cette musique qui nous enchantait. Je me souviens aussi de ce bateau pirate qui tournait inlassablement sur lui-même. Nous ressentions d'énormes poussées d'adrénaline, comme une overdose de plaisir.

J'aimerais revenir, juste un instant, à l'âge de cinq ans, pour revivre ces moments inoubliables. La petite fille que j'étais avait le sourire en compagnie de ses parents. Je me sentais bien, en phase avec moi-même.

Un jour, à Pâques, les cloches nous avaient envoyé un gigantesque œuf en chocolat. Il était tellement appétissant que je n'ai pu résister : je l'ai dévoré entièrement. Je me suis régalée. Le chocolat était tellement savoureux. J'étais comme envoûtée par cette odeur de cacao. Les heures qui suivirent furent moins agréables, mon foie n'ayant pas supporté cet excès.

La nuit fut longue et difficile pour la petite fille de cinq ans que j'étais. Heureusement, maman était là pour s'occuper de moi. Ma mère nous montrait tout son amour dans ces moments où la vie nous jouait des tours pas forcément appréciables.

Nous allions régulièrement rendre visite à mes grands-parents maternels, Jacqueline et Louis. Ils vivaient aussi à Grasse. Leur appartement se trouvait au premier étage d'un vieil immeuble situé en plein cœur du centre historique. C'était un petit foyer, assez modeste. Mes grands-parents avaient peu de ressources. La tapisserie sur les murs était ancienne, le mobilier, vétuste ; rien n'était coordonné, tout était récupéré. Comme dans un musée du souvenir, il y avait beaucoup de cadres avec des photos de famille.

Ma grand-mère était enrobée, mais toujours très coquette. C'était une femme enfant. Dans ses gestes, dans sa façon de réagir aux événements, elle avait l'attitude d'une petite fille. Elle pouvait vite s'énerver et se mettre en colère. Je me souviens que cela faisait rire mon grand-père, qui aimait bien la taquiner.

C'est sûr que cela n'a pas dû aller de soi pour mon grand-père, car il devait gérer les six enfants de la famille. Comme la vie familiale était assez complexe, ma mère a été élevée par sa grand-mère paternelle.

J'allais chez Jacqueline et Louis avec mon frère et ma sœur, et j'y retrouvais mes cousins et mes cousines. Un jour, alors que mes grands-parents étaient en train de déjeuner, nous nous étions tous cachés sous la table. Nous avions décidé de faire exploser des pétards sous les pieds de Jacqueline.

Nos idées n'étaient pas forcément des plus brillantes, mais on en rigolait à l'avance.

Quand les mèches furent allumées, nous avons quitté notre cachette. Les pétards ont explosé les uns après les autres. Dans un mouvement de panique, ma grand-mère s'est levée précipitamment en se demandant ce qui se passait. Mon grand-père comprit très rapidement qu'il s'agissait d'une plaisanterie de ses petits-enfants. Lui qui avait combattu pendant la guerre, il savait faire la différence entre les explosifs des adultes et ceux des enfants. Quand Jacqueline comprit la supercherie, très énervée, elle courut après nous autour de la table. Nous riions aux éclats alors que grand-mère était dans une colère noire. Mais, très vite, elle se calma et s'amusa de la situation.

Nous voyions, en revanche, très peu nos grands-parents paternels, Françoise et Alphonse. Mon grand-père était de type espagnol. Il avait le teint plutôt mat, les cheveux grisonnants, frisés. Il était grand, très fin. Malgré son caractère strict, distant, il était d'une immense gentillesse, et j'ai le souvenir de grands-parents gâteau.

2

Un divorce difficile

Je cherche le silence
et la nuit pour pleurer.
Corneille

L'année de mes sept ans, alors que je voyais la vie en rose, je ne pouvais imaginer qu'un événement puisse bouleverser mon existence de jeune princesse. J'avais toujours vu mes parents ensemble, même si de temps en temps ils pouvaient être assez distants l'un envers l'autre.

Avec du recul, je réalise qu'ils n'étaient pas en harmonie, plus amoureux. Mais, à cette époque, l'idée de voir mes parents séparés ne pouvait pas même effleurer mon esprit. Pourtant, dans le plus grand secret, un divorce était en train de se préparer. Quand mes parents se sont quittés, je me suis retrouvée chez ma tante, la sœur de mon père, à Marignane, près de Marseille.

Le premier jour est un souvenir que j'ai du mal à évoquer tellement ma tristesse était grande. Je me revois encore dans l'appartement de ma tante, seule au monde. J'entendais ma tante, son mari et leurs trois garçons converser dans une langue qui ne m'était pas familière, l'espagnol, bien que ce soit la langue de mes ancêtres. Me retrouver, du jour au lendemain dans ce nouvel univers tapissait les parois de mon âme d'une profonde tristesse.

Ce jour-là, mon père m'avait conduite chez ma tante. Je croyais qu'on lui rendait visite uniquement pour la journée. Mais, quelques heures après, mon père me serra dans ses bras, m'embrassa et me dit dans le creux de l'oreille de rester bien sagement chez ma tante. Je fronçai les sourcils, perdue dans une profonde incompréhension.

— Mais, papa, je ne veux pas rester toute seule ici, lui dis-je, tout émue.

— Ma chérie, ce n'est que pour quelque temps. Tata va bien s'occuper de toi, me répondit-il.

Il me tourna le dos et monta dans sa voiture. Mon regard le fixa sans rien comprendre.

Pourquoi me laissait-il toute seule ici ? Bien sûr, personne ne me répondit, et je ne reçus aucune explication.

Dans l'incompréhension la plus totale, je suis restée toute la soirée dans cet appartement. Je sentais les larmes monter en moi, mais je n'osais pas pleurer pour ne pas contrarier ma tante. Très sincèrement, je pensais que j'en avais pour quelques jours, que je reverrais dans peu de temps mes parents comme papa me l'avait promis. Malheureusement, les jours passèrent, et je n'eus aucune nouvelle. J'avais vraiment l'amère impression de vivre un abandon. À sept ans, on ne réalise pas très bien, mais je me sentais comme orpheline.

L'appartement était agréable avec son salon et son long couloir menant aux quatre chambres. L'endroit était propre et bien rangé. Je me souviens des meubles rustiques, des fauteuils anciens. La tapisserie aussi, était ancienne, mais elle décorait les murs. Le balcon était toujours fleuri de plusieurs plants de géraniums.

Je logeais avec l'un de mes cousins, Louis. Lorsque l'émotion était trop intense, je me cachais sous mes draps pour pouvoir verser tranquillement mais tristement quelques larmes. Mes nuits étaient longues ; je les passais à me demander pourquoi mes parents m'avaient abandonnée. Ma tata, je la connaissais peu. En effet, je ne la voyais auparavant qu'une ou deux fois par an et n'avais pas de rapports particuliers avec elle. Elle était presque une étrangère à mes yeux.

Le temps passé dans cette famille inconnue fut une période troublante de ma vie, même si tout le monde était adorable avec moi. Mais papa, maman, mon frère et ma sœur me manquaient. Et j'étais surtout rongée par l'inquiétude de ne pas connaître la raison de ce silence. Comme le dit ce proverbe indien : *Qui mendie en silence meurt de faim en silence.* Mes questions restaient sans réponses ; je mourais en silence.

À cette période, comme j'étais déscolarisée, ma tante m'a inscrite dans un nouvel établissement scolaire, et j'ai intégré une nouvelle classe de CE1 en cours d'année.

Être présentée comme une nouvelle élève fut troublant. Voir tous les regards de ces écoliers tournés vers moi faisait battre mon cœur. J'étais témoin de trop de changements en même temps dans ma vie. Prise dans un tourbillon qui semblait ne jamais vouloir s'arrêter, j'avais besoin de prendre l'air. Je me suis assise sagement sur le banc de l'école. La maîtresse donnait sa leçon, et moi, j'écoutais sans vraiment écouter. J'étais ailleurs.

J'ai encore en mémoire le son de la craie qui montait dans les aigus lorsque l'enseignante appuyait un peu trop violemment sur le tableau noir. Je me souviens du bruit des cartables qui s'agitaient quelques minutes avant la sonnerie finale. Je me rappelle cette horloge dont le tic-tac égrenait d'interminables secondes. Je subissais le temps qu'on m'infligeait sans avoir le choix. Tant bien que mal, j'essayais de sourire à la vie avec l'air innocent d'une enfant de sept ans.

Les semaines passèrent, et je n'avais toujours aucune nouvelle de mes parents. Pour oublier mon chagrin, j'allais jouer avec mes cousins au terrain de tennis. Pour eux, ce sport était une véritable passion, et ils s'y adonnaient avec joie pendant que moi je jouais seule contre un mur.

Il est difficile d'imaginer à quel point il est traumatisant pour une enfant de sept ans de se retrouver dans ce genre de situation : vivre avec une nouvelle famille sans savoir où est la sienne.

Ce sort inédit que la vie me réserva dura tout de même un an. Dans mon cœur de petite fille, j'avais l'impression que cette année s'était étirée sur une éternité.

Un jour, enfin, je fus délivrée. Alors que je jouais tranquillement dans ma chambre, celle qui m'avait été allouée, on sonna à la porte. Je n'y prêtai pas une attention particulière, ma tante se chargeant d'aller ouvrir. Plongée dans une rêverie de petite fille, je jouais avec mes poupées, quand un écho lointain me sortit de mon monde imaginaire.

J'avais reconnu le timbre de voix de ma maman. Ma chère et unique mère que je n'avais pas vue depuis tellement, tellement longtemps.

Malgré cette longue séparation, le temps n'avait pas effacé le son de sa voix. Aussitôt, je me précipitai vers la porte d'entrée de l'appartement.

Comme un ange tombé du ciel, maman était là en chair et en os. Je me réfugiai dans ses bras. Je ne voulais plus la quitter, m'agrippant à elle comme le lierre qui s'accroche aux murs.

— Maman, je suis contente de que tu sois là, lui dis-je en pleurant. Je ne veux pas que tu repartes.

Des larmes de bonheur coulaient inlassablement sur mon visage.

— Moi aussi, je suis heureuse de te revoir, me dit ma mère d'un ton rassurant. Je ne vais pas te laisser. On va repartir ensemble à Grasse.

— D'accord, maman, lui dis-je tout en m'essuyant le nez.

Ma mère était belle et radieuse. Je me souviens de son sourire qui illuminait la pièce. Mais c'était surtout mon cœur qui recevait sa lumière.

Maman était accompagnée d'un homme que je ne connaissais pas. Papa n'était pas là. Je trouvais cela étrange, mais j'écartai cette question, car le plus important était d'avoir retrouvé ma maman. À chaque pas qu'elle faisait dans l'appartement, je la suivais comme le petit Poucet. J'avais tellement peur d'être, une fois de plus, abandonnée.

L'homme qui accompagnait ma mère était beau. Il avait des cheveux bruns, et j'appris qu'il s'appelait Diego. Il allait devenir mon beau-père, mais, à ce moment-là, je n'en avais pas encore la moindre idée.

Je me souviens d'avoir dit au revoir à ma tante d'une manière très rapide. Je n'avais qu'une seule obsession :

rentrer à la maison avec maman. Mon cœur se réjouissait à l'idée de revoir ma tendre sœur et mon cher frère.

Chez ma tante, je n'étais bien sûr pas dans une prison, mais cette absence bouleversante de mes parents m'avait traumatisée.

Je me suis assise à l'arrière de la voiture, toute contente de revenir à la maison. Le véhicule m'entraînait vers un nouveau destin, que j'espérais beaucoup plus radieux que l'année qui venait de s'écouler.

Je n'osais pas exprimer mes interrogations à ma mère, de peur de la blesser ou de la contrarier. N'ayant aucune envie de retourner chez ma tante, mon meilleur bouclier, ma meilleure garantie était le silence.

Pendant que la voiture nous conduisait sur le chemin du retour, je fixais, avec une profonde admiration, le visage de maman. J'avais tant attendu ce jour.

Diego, cet homme qui accompagnait maman, ne parlait pas beaucoup. Peut-être ne voulait-il pas s'immiscer dans notre vie privée. Pourtant, de fait, il en faisait déjà partie.

Le jour où nous sommes arrivés à Grasse, il faisait très beau. Le soleil brillait ; c'était une belle journée. Quelque chose cependant me contraria : la voiture ne s'arrêta pas devant l'immeuble que j'avais quitté un an auparavant. Nous étions au pied d'un autre édifice, dans le centre du quartier historique de Grasse.

— Nous sommes arrivés à la maison, me dit maman en me regardant, toute souriante.

Nous n'habitions pas ici avant, me dis-je.

Préférant toujours garder mes questions pour moi, je n'esquissai qu'un timide sourire. La peur de me retrouver une nouvelle fois chez ma tante me hantait terriblement, et je préférai donc surveiller chacun de mes mots. Dans mon cœur de petite fille, il valait mieux jouer la carte de la prudence.

L'appartement se trouvait au deuxième étage. Maman tenait dans ses mains un immense trousseau de clés, parmi lesquelles se trouvait celle de notre nouvelle résidence.

Je découvris alors un endroit extrêmement petit. Dans mon imagination, l'éden était différent. Mais j'oubliai aussitôt mes envies de grandeur dès que je vis ma sœur Nelly et mon frère Laurent. Ma joie de les revoir fut immense. Nous nous sommes étreints. Les larmes inondaient nos visages. Nous étions ivres de joie.

Ce moment fut inoubliable, et j'en ai encore aujourd'hui des frissons en évoquant ce moment. Chaque fois que j'y pense, un sentiment agréable m'envahit.

Dans cet appartement, il y avait très peu de meubles. Quelques pas seulement séparaient le hall d'entrée de la pièce à vivre. Là se trouvait le coin cuisine avec une table et quatre chaises. De l'autre côté, le salon avec un vieux clic-clac qui nous servait de lit. Plus loin, il y avait la chambre de maman et de Diego. L'appartement était très simple. Nous ne devions pas rester longtemps ici, c'était une période de transition.

Cette journée de retrouvailles était remplie de lumière et d'amour. J'avais enfin retrouvé les miens. Bien sûr, papa n'était pas là et son absence faisait naître en moi une foule de questions, mais je m'interdisais de les poser à haute voix. Je devais faire bonne figure devant maman.

Le soir, nous avons dîné tous ensemble autour de la table. Voir le sourire de ma sœur et le regard pétillant de mon frère me rendait folle de joie. Je trouvais que maman était beaucoup plus belle qu'avant, plus radieuse.

Elle dégageait une magnifique aura. Cependant, j'étais malgré tout très dubitative quant à la présence de cet homme, Diego, parmi nous

Que fait-il avec nous ? me demandais-je naïvement.

Dans mon esprit, il m'était difficile de comprendre toute la situation. Mais Diego me paraissait très sympathique, et je n'avais aucune raison d'être méchante avec lui, même si j'avais bien conscience qu'il prenait la place de mon père. D'ailleurs, où était papa ? Il y avait là un mystère que je ne parvenais pas à chasser de mon esprit. C'était l'élément noir de ces retrouvailles.

Nelly, Laurent et moi avons dormi cette nuit-là dans le salon. Nous étions vraiment bien. Personnellement, j'étais apaisée et sereine. Au matin, la lumière éblouissante du jour nous a réveillés. Aussitôt, nous nous sommes levés et, sans traîner, nous sommes partis, tous les trois, rejoindre maman et Diego dans leur chambre. L'appartement était si petit qu'il nous fallut juste quelques secondes pour y arriver. Maman dormait paisiblement, enlacée dans les bras de Diego.

Cette image de ma mère avec un autre homme reste gravée en moi. Bizarrement, je n'ai éprouvé aucun sentiment de haine ou de mal-être, sans doute parce que je percevais l'amour entre eux. Je commençais à prendre conscience que mes parents n'étaient plus ensemble. Finalement, la présence de Diego ne m'était pas hostile : tant que ma mère était heureuse, je l'étais aussi.

Ce matin-là, nous avons sauté sur leur lit pour les réveiller.

— Réveillez-vous ! Réveillez-vous ! leur disais-je, tandis que mon frère et ma sœur rigolaient.

Ils ont donc ouvert les yeux, contraints et forcés. Mais nos rires enchantaient tellement la chambre, que le réveil ne fut pas désagréable pour eux.

Diego semblait prendre son rôle de beau-père très au sérieux. Il riait avec nous et s'amusait à nous chatouiller, profitant de chaque occasion pour nous distraire. Je découvrais un homme plein d'humour.

Quelques jours plus tard, ma mère avait acheté du boudin pour le repas du soir. Je n'appréciais pas ce plat et je l'ai fait savoir.

Face à l'insistance de maman, je dus tout de même l'avaler. L'argent ne coulait pas à flots, et refuser de manger ce que l'on mettait dans mon assiette aurait été vraiment malvenu.

L'odeur du boudin cuit me soulevait le cœur. Je dus mastiquer lentement avant d'avaler chaque morceau, au fur et à mesure. Je prenais mon temps, car mon estomac n'en voulait pas.

Le lendemain, mon frère, ma sœur et moi-même étions couverts de boutons. Maman appela le médecin. Il diagnostiqua une rougeole pour Nelly et Laurent. Quant à moi, après m'avoir auscultée, il me regarda et me dit :

— As-tu mangé quelque chose de mauvais ?

— Oui, du boudin ! m'exclamai-je, tout excitée.

Le médecin pensait que j'avais fait une allergie ou une indigestion. Mais le boudin en était-il responsable ? On n'a jamais pu le savoir. Malgré tout, de cette histoire, je garde un souvenir amusant, celui d'une période heureuse.

Un jour, ma mère m'a envoyée acheter une baguette chez le boulanger du quartier. Elle m'avait donné quelques pièces. En me promenant dans les rues de Grasse, une idée me vint à l'esprit : acheter un cadeau à maman. Je ne me suis donc pas rendue à la boulangerie. J'avais une idée bien précise du cadeau : un martinet. À ce que je sache, ma mère n'était pourtant pas une adepte des jeux sexuels.

À vrai dire, ce présent ne lui était pas vraiment destiné : je voulais qu'elle s'en serve pour me punir. Ne souhaitant pas retourner chez ma tante, je préférais tout simplement qu'elle me punisse si je n'étais pas sage.

Cette année passée chez ma tante comme une orpheline m'avait fait penser que j'étais une petite fille méchante. Je préférais donc largement recevoir des coups de fouet plutôt que de retourner chez tata.

J'ai trouvé l'objet désiré. Sans perdre une seconde, je l'ai acheté, puis j'ai couru chez moi pour l'offrir à ma mère.

— Maman, maman ! criai-je. Je t'ai acheté un cadeau !

Ma mère s'approcha de moi et dit :

— Mais tu devais ramener une baguette pour le repas de ce midi.

— Oui, je sais, mais je tenais à t'offrir ce cadeau.

— C'est gentil, ma chérie, mais qu'est-ce que c'est ? demanda maman, l'air étonné.

— Ouvre-le.

Sans hésiter, c'est ce qu'elle fit. Son sourire qui habitait son si joli visage changea en un instant.

— Pourquoi m'avoir acheté un martinet ? me demanda-t-elle, surprise.

— Plutôt que d'aller chez tata, je préfère que tu me punisses et que tu me tapes avec le martinet quand je ne suis pas sage.

Maman me regarda, stupéfaite. Elle en avait perdu la parole. Un instant, elle resta interdite. Je vis dans ses yeux de la tristesse ; elle devait se sentir coupable et responsable. Le fait de m'avoir envoyée un an chez ma tante sans donner aucune nouvelle m'avait rendue peureuse et vulnérable. Ma mère le sentit à ce moment-là.

— Sophie, tu es ma fille et je ne vais pas t'envoyer chez tata. Je ne vais pas non plus te punir avec ce martinet, me dit-elle sur un ton réconfortant.

Durant les semaines suivantes, je n'ai jamais été punie et, même si je faisais quelques bêtises, je n'ai jamais reçu un seul coup de martinet. L'objet fut rangé dans un placard pour l'éternité. Pourtant, je me souviens que mon frère, ma sœur et moi, nous faisions beaucoup de remue-ménage. Parfois, nos moments de rigolade faisaient naître en maman une grande colère.

Un jour, furieuse contre moi, elle a pris une cuillère en bois dans la cuisine et m'a frappée sur le genou. La cuillère s'est cassée. Ma mère et moi nous sommes regardées et avons pouffé de rire. Nous avions développé une réelle complicité.

3

Des larmes et des rires

Les choses de l'enfance ne meurent pas,
elles se répètent comme les saisons.

Eleanor Farjeon

Quand je regarde dans le miroir de mon enfance, je vois défiler les images d'une journée qui m'a terrorisée. Maman étant absente, elle m'avait confiée, pour la journée, à Sylvie, la femme de mon oncle.

C'était une dame assez corpulente, qui dégageait une aura négative. Je dirais même qu'elle était laide de méchanceté.

Après avoir déjeuné copieusement, nous avons débarrassé la table. Puis, d'une voix autoritaire, elle m'a ordonné de laver la vaisselle. Je n'étais pas sous ses ordres ; il était hors de question pour moi de suivre ses directives. J'ai donc répondu par la négative. Aussitôt, elle s'est transformée, comme si une énergie diabolique s'incarnait en elle, oubliant que je n'avais que neuf ans.

Dans cette montée de violence, Sylvie s'est approchée de moi et s'est mise à me gifler. Une première claque, puis une deuxième, puis une troisième, une quatrième.

J'avais l'impression d'être sur le ring face à une boxeuse sans scrupules. Je n'avais aucun moyen de me défendre et ne pouvais qu'encaisser les coups violents que me donnait Sylvie. Ma seule défense était de hurler, mais mes cris se perdaient dans l'immense maison. J'étais seule au monde, perdue et effondrée.

Elle m'a tirée par les cheveux en me traînant dans la salle de bain. Cette fois, elle voulait m'abattre. Mes appels au secours étaient vains ; j'étais totalement affolée. Elle m'a forcée à aller sous la douche froide tout en continuant à me gifler.

J'étais terrorisée, n'osant pas bouger et n'attendant que la fin de cet épouvantable épisode. Par miracle, elle me sortit de la douche et arrêta de me maltraiter. Comme tétanisée, je n'osais plus parler. Je tremblais comme une feuille après avoir reçu une telle volée. Je sentais encore mon cœur battre à cent à l'heure. Il fallait que je me calme pour ralentir mon rythme cardiaque. J'essayai de faire le vide dans mon esprit, de ne plus penser.

Sylvie m'a laissée un petit moment toute seule dans une pièce afin que je puisse retrouver mes facultés. Je me suis regardée dans le miroir et j'ai aperçu des bleus sur mon visage.

C'est la catastrophe ; il ne faut pas que maman voie ça, me suis-je dit.

J'étais paniquée. J'avais peur que ma mère m'en veuille. Je pensais être la coupable plutôt que la victime. Donc, dans mon esprit, j'aurais pu être renvoyée chez ma tante puisque je m'étais encore mal comportée. Pour rien au monde je ne voulais cela. Il fallait trouver un stratagème pour ne pas en parler à maman.

Je suis rentrée toute seule jusqu'à notre appartement. Le long du chemin, mon esprit vagabondait et cherchait surtout une solution. Je devais garder le secret et ne pas révéler la cause des traces sur mon visage. À mon arrivée à l'appartement, maman fut indignée en me voyant :

— Mais que s'est-il passé ?

— Je me suis cognée contre la table, ai-je répondu timidement.

Maman me fixait de ses grands yeux. Je préférai ne rien dire d'autre pour ne pas aggraver une situation déjà périlleuse. Ma mère ne posa pas d'autres questions. J'eus vraiment le sentiment qu'elle m'avait crue.

Elle m'a prise dans ses bras afin de me réconforter. Je ressentis une vive émotion, mais je ne devais surtout pas me laisser submerger. Je retenais mes larmes, mais j'étais soulagée que maman ne connaisse pas la vérité. *J'ai évité un retour chez tata*, pensai-je.

Quelques jours plus tard, nous étions tous invités à déjeuner chez un ami de ma mère. Sylvie était également présente. Je me souviens des jeux avec mon frère et ma sœur. On chahutait et on courait autour de la table pendant que les grands déjeunaient et discutaient. Soudain, une voix forte et puissante s'éleva :

— Arrêtez de courir comme ça ! s'énerva Sylvie sur un ton pas du tout sympathique.

Je me suis arrêtée, car je ne voulais pas subir une deuxième punition. Le son de sa voix me terrorisait. Ma mère s'est levée de table et s'est adressée à Sylvie :

— Je sais ce que tu as fait à ma fille, et, toute grosse que tu es, moi, je te dégonfle.

Sylvie resta sans rien dire. Ma mère se rassit, reprenant le cours normal du déjeuner. Cela avait jeté un froid glacial dans la réunion. Je ne sais pas comment maman avait deviné ce qui m'était arrivé réellement, mais elle le savait et elle a pris ma défense. J'étais comblée et heureuse.

À cette époque, je jouais souvent avec mes cousins, les deux enfants de Sylvie et de mon oncle. Quelques années plus tard, mon oncle et Sylvie ont divorcé. Lors de cette rupture, mon oncle a appris que ses deux enfants n'étaient en réalité pas les siens. Ils n'étaient donc pas mes véritables cousins. Ce fut un véritable drame pour la famille. Sylvie est partie avec eux et, depuis, on ne les a plus jamais revus. La vie réserve souvent des surprises, comme j'allais le découvrir à mon tour bien des années plus tard.

***

Nous sommes en 1983. À cette période, je ne vois toujours pas mon père. Il est absent. Parfois, il téléphone, mais c'est extrêmement rare. Je continue ma vie avec maman, Diego, mon frère et ma sœur. Je ne me sens pas *mal aimée* comme le chantait Claude François. Au contraire, je suis bien et en phase avec moi-même.

Cette année-là, nous avons déménagé. Il était temps : enfin, nous quittions le petit appartement du centre historique de la ville de Grasse pour nous installer à Saint-Vallier-de-Thiey, un petit village dans l'arrière-pays grassois. Je me souviens que ma mère et Diego étaient ravis de nous faire découvrir notre nouvelle demeure.

Nous étions tous les cinq dans la voiture. J'étais excitée à l'idée de découvrir ce lieu que j'imaginais grand et magnifique.

Arrivée sur place, je fus ébahie par le calme et la tranquillité de l'endroit. Le vent soufflait sur mon visage, jouait dans mes cheveux comme un cerf-volant dans le ciel. Le soleil égayait encore plus le paysage. J'entends encore la voix de Diego nous disant gaiement :

— Notre appartement se trouve ici.

De l'extérieur, cette demeure avait du charme. J'étais impatiente d'y entrer. Maman et Diego ne nous ont pas laissés languir longtemps : un petit hall nous accueillit, et un grand escalier nous mena à notre appartement du premier étage. Je montai les marches, pressée de découvrir notre nouvelle demeure. Elle était spacieuse. Cela nous changeait du petit logement que nous avions auparavant. Il y avait deux grandes chambres : une pour maman et Diego, une autre pour nous. Enfin, nous avions notre propre chambre, avec des lits superposés, ce qui changeait considérablement du vieux clic-clac dans le salon. La cuisine était grande et spacieuse. Il y avait aussi un salon avec une belle salle à manger. Je pus découvrir les meubles de Diego, qu'il avait laissés en dépôt chez sa mère dans l'attente d'un appartement plus spacieux. Il y avait un grand canapé noir qui en imposait par sa taille. Les autres meubles étaient très jolis, et maman avait décoré l'appartement à son goût. Elle avait vraiment habillé le lieu à son image.

Il y avait aussi une grande salle de bain et, cerise sur le gâteau, une belle baignoire. Je m'imaginais déjà passer des heures à profiter des joies de l'eau. L'appartement me plaisait ; je ne voulais plus le quitter. Ma mère sentait que j'aimais beaucoup notre nouveau toit ; elle en était heureuse et radieuse. Mon frère et ma sœur aussi : ils avaient déjà pris possession des lieux en courant dans toutes les pièces. En nous voyant, maman avait le sourire.

— Ce n'est pas fini, il y a encore autre chose à découvrir, nous dit Diego.

Je ne comprenais pas, car j'avais fait le tour de l'appartement.

— Mais quoi d'autre ? lui demandai-je, étonnée.

— Nous avons un jardin, nous dit Diego avec une immense joie.

— Un jardin ? Où est-il ? Vite, je veux le voir ! m'exclamai-je, tout excitée.

— Suivez-moi, dit Diego.

Sans attendre, nous voilà dehors : derrière la maison se trouvait un petit jardin. Nous en avions la parfaite jouissance.

Cette nouvelle demeure était le rêve le plus absolu. Jamais je n'aurais imaginé qu'on puisse un jour avoir un jardin. Nul doute, le lieu était un endroit propice et idéal pour vivre sereinement. À ce moment-là, j'aurais pu chanter la chanson de Johnny Hallyday : *Pour moi la vie va commencer*.

Je me suis très vite acclimatée au logement, ma sœur et mon frère également. D'ailleurs, je crois que mes deux cadets se sont toujours bien adaptés partout où ils allaient.

Le mois de septembre est aussi le temps de la rentrée des classes. J'avais réintégré mon ancienne école, Saint-Exupéry, à Grasse. Le changement d'établissement lorsque j'étais chez ma tante m'avait profondément choquée et je n'étais plus en phase avec le monde scolaire. Cela ne va pas de soi de changer d'école, de changer de copines constamment. Ce retour dans cet établissement ne me rappelle pas de très bons souvenirs. J'aurais pu chanter à tue-tête la chanson de France Gall : *Qui a eu cette idée folle, un jour d'inventer l'école ?*

Dans le tiroir de mes souvenirs, je me rappelle avec une certaine précision la fête de Noël de l'année 1983. Le soir du 24 décembre, maman et Diego avaient préparé un magnifique dîner. Ma mère, dans ce nouveau logement, avait repris goût à la vie.

Elle aimait beaucoup cuisiner. Sur la table, disposées entre les assiettes, des bougies éclairaient cette belle soirée. Voir les visages souriants de ma sœur Nelly et de mon frère Laurent me remplissait de bonheur.

Nous savions que le père Noël devait passer dans la nuit pour déposer les cadeaux. C'était un événement unique. Après le dîner, nous devions aller au lit, mais, tellement impatients de découvrir nos cadeaux le lendemain, nous ne trouvions pas le sommeil. Je me souviens que mon frère, ma sœur et moi, nous avions eu du mal à nous endormir. Nos discussions n'en finissaient pas.

Le lendemain, au petit matin, nous étions tous réveillés. Inutile de nous aider à sortir du lit, car nous étions attirés par le sapin qui se trouvait dans le salon. Nos cris de joie ont très vite sorti maman et Diego des bras de Morphée. Dans la lueur du matin, tous les cinq, nous sommes entrés dans le salon. Le sapin était figé, entouré de plusieurs paquets-cadeaux. Mon cœur battait la chamade. Ma sœur Nelly fut la première à déballer son présent. Sans hésiter, j'ouvris aussi le mien. Je ne pouvais pas attendre plus longtemps. J'ai encore dans ma mémoire olfactive l'odeur du papier-cadeau qui était la même que celle d'un livre neuf. Sous l'emballage magique, je découvris une superbe poupée. J'étais heureuse. Le père Noël m'avait offert le cadeau désiré.

Cette magie de Noël reste très présente dans mes souvenirs et a marqué durablement ma personnalité.

Quelques jours plus tard, nous avons passé la soirée du Nouvel An en famille. C'est dans la joie et dans des éclats de rire que nous avons terminé l'année 1983.

***

Saint-Vallier-de-Thiey se trouve à sept cent cinquante mètres d'altitude. En hiver, la neige habille le toit des maisons d'une épaisse couche blanche. La première fois que je pus admirer ce spectacle, ce fut lors de l'hiver 1984. Certes, le temps était froid, parfois même glacial, mais notre cœur se réchauffait aux batailles de boules de neige. Je le reconnais aujourd'hui : cette période de ma vie fut agréable malgré quelques événements déplaisants.

Une nuit, j'ai fait un terrible cauchemar et je suis tombée la tête la première du haut du lit superposé. La chute fut brutale. Je me fis très mal à l'épaule.

— Maman ! Maman ! Maman ! criai-je, en larmes.

Ma mère arriva, bouleversée ; elle me prit dans ses bras. Je sentais aussi son cœur qui battait à cent à l'heure. Elle avait certainement eu peur pour moi. Heureusement, je n'avais rien de grave, uniquement un œil au beurre noir. L'hématome était tellement visible que je n'osais pas me montrer à l'école.Un autre jour, en plein après-midi, j'étais tranquillement assise sur le canapé en compagnie de maman qui me donnait des cours de mathématiques. Je n'aimais pas trop cette matière, mais il fallait bien que j'apprenne. Nelly et Laurent jouaient à côté. Leurs rires pouvaient parfois me déranger, mais je restais concentrée. Tout à coup, j'entendis un hurlement. Ma sœur venait de se blesser au bras. Elle jouait à sauter sur le dos de mon frère quand, déséquilibrée, elle avait heurté de plein fouet la porte vitrée. Nelly était en pleurs. L'image de ma sœur avec le bras ouvert fut un choc. La blessure était inquiétante, un vrai traumatisme pour moi.

Sans perdre un instant, notre mère envoya Nelly à l'hôpital. J'étais très inquiète pour ma petite sœur. Quelques heures plus tard, elle était rentrée à la maison. Cela me rassura. Elle allait bien, mais on lui avait fait quantité de points de suture.

À cette même période, j'ai fait la connaissance d'Ève, une fille de mon âge. Très rapidement, elle devint ma meilleure amie, ma complice. Avec Ève, je me sentais bien. Nous rigolions et nous amusions comme deux petites folles. Nous étions deux petites filles pleines de vie. Cette complicité allait durer bien au-delà de l'enfance. Comme a écrit Honoré de Balzac : *Ce qui rend les amitiés indissolubles et double leur charme est un sentiment qui manque à l'amour : la certitude.*

J'ai toujours aimé les animaux. Ma mère m'avait amenée dans une grande ferme pour faire des balades en poney. Vu mon jeune âge, je devais monter accompagnée de ma maman. Je fus très heureuse quand elle m'installa sur le dos de l'animal. Nous nous sommes baladées sur un petit chemin de campagne. L'air était frais, et l'odeur de l'herbe verte ravissait mes narines. Les pas du poney résonnaient sur le petit chemin de terre.

J'ai encore en mémoire le chant des oiseaux qui nous accompagnait. J'insistai pour que maman lâche le poney pour en faire seule, mais, rien à faire, elle ne voulait pas. Finalement, mon caractère un peu tenace prit tout de même le dessus : maman ne tint plus mon poney. À cet instant, je me crus au-dessus de tout. Et libre. Or, le poney se lança soudain dans un galop.

— Tire sur les rênes ! Tire ! hurlait ma mère

Les cheveux aux vents, j'avançais à grande vitesse. Je n'avais pas peur. J'entendais les cris de ma mère, mais je continuais mon ascension. J'étais bien et ivre de joie. J'avais endossé le rôle de Zorro.

Après avoir parcouru plusieurs mètres, je décidai de tirer sur les rênes du poney afin de l'arrêter. Bien dressé, l'animal s'exécuta.

Je n'avais pas eu peur. Bien au contraire, j'avais adoré cette sensation. Ce fut une véritable révélation. En fait, ce petit incident venait de faire naître en moi une nouvelle passion, celle des chevaux.

C'est aussi à cette époque que ma mère et mon beau-père ont décidé, une nouvelle fois, de déménager. Trop de kilomètres les séparaient du travail de Diego et de notre école ; les allers-retours devenaient trop contraignants. Nous sommes revenus à Grasse. Nous avons emménagé dans un grand appartement très lumineux avec deux grands couloirs, deux chambres spacieuses, une salle de bain, une cuisine et un salon.

Comme d'habitude, Nelly, Laurent et moi dormions dans la même chambre, mais celle-ci était vraiment vaste. Nous étions les rois du monde et, le soir, avant de dormir, nous profitions pleinement de cet espace. Nous jouions constamment.

Comme à Saint-Vallier-de-Thiey, nous avions un jardin, mais celui-ci était bien différent. Il était grand, tellement grand à nos yeux d'enfants. Dans cet espace vert, sous un abri, se trouvaient un grand lavoir et un néflier. J'adorais les fruits, au goût si particulier, de cet arbre. Chaque fois, mon palais se régalait.

Ce jardin était vraiment une bouffée d'oxygène ; c'était un endroit extraordinaire dans lequel j'ai fait un élevage de lapins. Au début, maman m'avait offert un lapin et une lapine. Mais, très rapidement, les tourtereaux ont eu des petits. Je me suis donc retrouvée avec une quinzaine de lapins. Maman nous avait aussi acheté deux poussins. Malheureusement, l'un est mort très rapidement. L'autre a grandi. Ma mère nous disait de chercher les œufs dans le jardin, mais on ne trouvait jamais rien.

Cette poule chantait chaque matin. Nous avions dit à maman que c'était peut-être un coq. Mais elle était persuadée du contraire.

Les jours passaient et nous ne trouvions jamais les œufs. Finalement, maman se rendit à l'évidence : ce n'était pas une poule, mais bien un coq. Cette histoire nous a fait beaucoup rire.

Nelly, Laurent et moi étions très proches de maman. Parfois, lorsqu'elle partait travailler, nous faisions le ménage. Elle n'était au courant de rien et, quand elle arrivait, tout était propre. Pour définir le rôle de chacun dans le nettoyage de l'appartement, nous écrivions le nom des pièces sur des petits bouts de papier ; nous les mettions dans un chapeau, et chacun son tour piochait une pièce à ranger et astiquer. Ainsi, il n'y avait pas de jaloux ; c'était le fruit du hasard. Quand maman rentrait, elle découvrait, émerveillée, un appartement ordonné. Elle était ravie, et nous étions heureux de lui faire plaisir.

***

L'école que nous fréquentions à Grasse se trouvait tout en haut de la ville, et nous, nous vivions en bas du centre historique. Chaque matin, nous allions à l'école à pied. C'était une longue marche, et mes mollets s'en souviennent encore. Nous avions tissé des liens avec les commerçants. Tous les matins, le boulanger nous donnait des petits pains au chocolat. Le parfum du cacao chaud, mélangé à celui du pain cuit, est encore très présent dans ma mémoire. J'avais onze ans, mais je n'ai rien oublié de cette période.

Comme beaucoup de filles de mon âge, j'étais fan de la célèbre héroïne Wonder Woman. Devant le miroir, je m'amusais à imiter ses pas et ses gestes, rêvant d'avoir des pouvoirs magiques et de devenir invincible. J'imaginais mon avenir avec de tels pouvoirs et cela me rassurait.

C'est aussi à cette époque que j'ai rencontré Aline, une fille différente de moi par ses goûts, ses passions, son caractère, mais avec qui j'ai tissé très rapidement un fort lien d'amitié. Souvent, les contraires s'attirent.

Ses parents possédaient un appartement à La Foux-d'Allos, une station de ski. Ils m'invitaient chez eux, et c'est là que j'ai appris à faire du ski. Nous allions aussi faire du patin à glace sur des lacs gelés. L'été, nous nous rendions au lac de la Sainte-Croix avec leur caravane.

Derrière notre habitation, il y avait un petit vallon où se trouvaient de nombreuses maisons abandonnées suite à des glissements de terrain. Nous allions souvent jouer là-bas. C'était devenu notre cour de récréation. En bas du vallon, il y avait aussi un vieux moulin en ruine, où nous avions planté des fraisiers. Résonne encore dans ma mémoire le bruit de l'eau ruisselant près du moulin. Chante aussi dans mes souvenirs la chanson de Michel Legrand *Les moulins de mon cœur*.

Sur le terrain de notre voisin, il y avait beaucoup d'arbres fruitiers. Nous y allions discrètement pour y manger des cerises en cachette. C'est là que j'ai découvert aussi les grenades. Il y avait des abricotiers, des orangers, des vignes. C'était un vrai petit paradis fruitier.

4

Le temps du collège

Les maîtres d'école sont des jardiniers
en intelligences humaines.

Victor Hugo

Nous sommes en septembre 1987. C'est l'heure de la rentrée scolaire. Je me sentais pousser des ailes, car j'entrais au collège en classe de sixième. Fini le temps de l'école primaire, le monde des grands s'ouvrait enfin à moi. Ce premier jour de classe fut déstabilisant. Après avoir passé deux mois de vacances, le réveil fut difficile.

— Sophie, il est l'heure de se réveiller, c'est la rentrée des classes ! a crié ma mère, pleine d'entrain.

Je dormais profondément, si bien qu'il me fallut plusieurs minutes pour me lever. Dans la salle de bain, l'eau tiède coulant sur mon corps m'aida à me sortir des bras de Morphée. Après m'être habillée et coiffée, j'étais enfin prête pour le grand jour. J'essayais de ne pas trop me stresser, mais cette rentrée scolaire me donnait le vertige. J'allais pour la première fois au collège et changeais ainsi complètement d'univers. Après avoir avalé un petit-déjeuner bien copieux, je n'eus plus le choix : je devais y aller.

Je suis sortie dans la rue en direction de cet inconnu qui m'excitait tant. À chaque pas, mon cœur tremblait comme si j'allais passer un examen. Arrivée devant l'immense établissement, ma respiration s'arrêta un instant, mais je n'avais nullement le choix ; impossible de faire demi-tour. Heureusement, je rencontrai quelques copines du primaire et je ne fus plus seule pour affronter ce premier jour dans un tout nouveau monde.

La sonnerie a retenti ; j'entrai dans l'immense hall du collège Saint-Hilaire. Je suivis mes copines sans savoir où j'allais. Perdue au milieu de tous, j'avançais comme un mouton.

Après avoir traversé le hall, nous entrâmes dans une immense cour où se trouvaient l'ensemble des élèves et les enseignants. Le directeur demanda le silence. Mes copines me regardaient en esquissant un sourire.

Je voyais des garçons, plus âgés que moi, qui discutaient très discrètement. Je n'osais ni sourire ni chuchoter. Comme une enfant sage, j'écoutai le discours du directeur. Il nous expliqua les règles et les principes de vie au sein du collège. Puis, il appela chaque élève des classes de sixième. Quand j'entendis mon nom, je sortis de mes songes pour rejoindre le groupe. Mes copines étaient avec moi. Nous avons suivi notre nouvelle enseignante, notre professeure principale.

Elle avait la quarantaine, les cheveux mi-longs bouclés et semblait être gentille. Je me suis installée dans la salle de classe. À mes côtés, il y avait une jeune fille blonde avec de très beaux yeux bleus. L'enseignante nous expliqua le programme de l'année à venir et nous donna notre emploi du temps. Il me sembla plutôt chargé et très différent de notre planning de primaire.

Nous avions des professeurs différents pour chaque matière. Je réalisai que cette année de sixième serait intense sur le plan du travail. Il ne fallait pas se décourager, l'année scolaire ne faisait que commencer.

En quelques jours seulement, je me fis de nouvelles copines.

Nous avions des cours de français, de mathématiques, d'histoire, de géographie, d'anglais, de dessin, mais aussi de sport.

Je me souviens encore de la première fois que j'ai vu notre professeur. Il était très athlétique, de taille moyenne. Il avait une façon militaire d'enseigner, sévère et autoritaire. D'ailleurs, sa réputation n'était pas très bonne. Mais moi, je l'appréciais, car il nous amenait au-delà de nos limites.

Je me suis donc découvert très rapidement une passion pour les activités sportives. J'avais une grande facilité, surtout en endurance. Mon professeur de sport m'avait inscrite pour un cross. Je n'avais aucune idée de ce que c'était, mais je m'y rendis volontiers.

Le jour J, je me retrouvai avec cent cinquante participants. J'étais alors très mal à l'aise, impressionnée par la foule. Ma famille était présente pour me soutenir.

À cette période, le collège proposait un voyage scolaire de trois semaines. Je n'avais même pas posé la question à mes parents, sachant très bien qu'ils n'avaient pas les moyens de me l'offrir. Je ne voulais pas les mettre dans l'embarras.

Quelques minutes avant le départ du cross, Diego vint me voir et me dit :

— Si tu arrives dans les dix premières, je t'offre le voyage.

Surprise et très touchée, je suis restée sans voix. Je ne m'y attendais vraiment pas. À ce moment-là, je me suis sentie très motivée. Cet objectif inédit m'avait donné des ailes.

Au démarrage du cross, cette envie m'a fait courir très vite et je suis finalement arrivée troisième. J'étais très fière de moi et très surprise. Je réalisai alors que j'allais partir en Angleterre, pays des Beatles et de Joe Cocker. Je devais aussi cette victoire à mon beau-père Diego. Je ne pouvais que lui en être reconnaissante.

Quelque temps après, je partis pour l'Angleterre. J'arrivai dans une famille d'accueil qui ne parlait pas français.

Cela n'allait pas de soi puisque je n'étais qu'en sixième ; je n'avais que quelques notions de la langue. Mais nous arrivions quand même à nous comprendre. C'était une famille adorable, très sensible et chaleureuse. Malheureusement, le climat n'était pas aussi chaud que le cœur de cette famille. Il faisait même extrêmement froid.

J'espérais me baigner dans la Manche, mais je dus très vite oublier cette idée. J'avais quitté la France avec des tenues légères. Heureusement, ma famille d'accueil me prêta des vêtements en laine. J'ai découvert aussi la nourriture anglaise, souvent un mélange sucré salé. Je n'ai pas vraiment apprécié. Encore moins leur beurre de cacahuètes.

L'expérience fut agréable, et le dépaysement, unique. Malgré tout, ma famille me manquait.

C'est heureuse que je suis rentrée en France, la tête pleine de souvenirs.

***

Un jour, je suis allée suivre un cours d'équitation en compagnie d'une camarade, Marina. Cette idée me trottait dans la tête depuis que maman m'avait amenée faire un tour de poney. J'avais en moi cette envie presque mystique de monter à cheval. Une fois de plus, cela a été une véritable révélation, une grande passion.

L'aura que dégageait le cheval m'attirait. Il y avait une relation presque humaine entre lui et moi. À cheval, je me sentais comme un chevalier prêt à affronter toutes les batailles.

Le problème, c'est que mes parents n'avaient pas les moyens de financer cette passion. L'équitation est un sport de noble. Je n'avais pas le choix : je devais faire des économies dès que je le pouvais.

Pendant deux ans, j'ai réussi à me payer les cours. J'ai passé des galops. C'était de l'équitation en carrière : on faisait du galop, des sauts d'obstacles, etc. Mon poney préféré s'appelait Shogun. Je l'aimais bien parce qu'il était assez caractériel, assez joueur. Il était jeune. Il faisait souvent des ruades ; j'aimais beaucoup ces sensations. C'était un moyen d'évasion qui correspondait à ma personnalité.

À l'âge de treize ans, mon père revint dans ma vie comme un fantôme du passé. À Grasse, il avait ouvert un bar, Le Barracuda. Son absence m'avait profondément marquée, mais son retour me procurait une immense joie.

Il m'a présentée à sa nouvelle compagne, Caroline, que tout le monde surnommait Caro. Elle était très jolie. De taille moyenne, elle avait les cheveux blonds et une particularité assez originale : un œil bleu et un œil vert. Je dois l'avouer aujourd'hui : mon père avait bon goût. Et c'était surtout quelqu'un de très gentil. J'eus un réel coup de cœur pour Caro, et nos rapports ont presque immédiatement été fusionnels. Il y avait entre nous une véritable complicité. Elle avait aussi un enfant, Boubou, une petite fille très mignonne.

Chaque matin, en allant à l'école, j'allais prendre mon petit-déjeuner dans le bar de papa, où je me retrouvais en sa compagnie. Maman n'appréciait pas que j'aille prendre mon petit-déjeuner là-bas, mais elle le tolérait pour ne pas me faire de la peine. Elle savait bien que, si elle me l'avait interdit, j'y serais tout de même allée en cachette.

Un jour, papa et moi, nous sommes allés chez la maman de Caro à Saint-Vallier. C'était une dame âgée, aux cheveux blancs. Très mince, elle avait les jambes arquées. J'ai le souvenir d'une femme gentille avec beaucoup de caractère. Elle était passionnée de chevaux.

On la surnommait Mamie. Chez elle, l'endroit était féerique. Il y avait des chevaux, des poneys, une vingtaine de chiens, des chats. Elle faisait partie de la fondation Assistance aux animaux.

Sa maison était devenue la ferme du bonheur. Pour moi, ce lieu ne pouvait être que le paradis, et j'aurais rêvé d'y vivre.

J'ai fait aussi la connaissance de Doudou, le frère de Caro. Il était grand, blond, avait les yeux bleus. Il en imposait par son gabarit. C'était un cavalier randonneur, qui ressemblait un peu à un cow-boy.

Avec Doudou, je faisais des randonnées d'une journée, d'un week-end ou parfois d'une semaine pendant les vacances. J'ai passé toute mon adolescence à cheval. Les transports se faisaient en camion, on bivouaquait. Le soir, nous jouions à la belote et nous participions à des jeux américains. Nous étions un peu comme dans un film de Clint Eastwood.

***

Malheureusement, quand j'ai eu quatorze ans, maman et Diego se sont séparés. Très rapidement, un autre homme est entré dans la vie de ma mère.

Il s'appelait Rudy. Il n'était pas très grand, avait les cheveux châtain roux. Il portait des lunettes et avait toujours un béret sur la tête. Je me souviens encore de sa voiture, une 203 noire. C'était un homme passionné de vieilles motos et d'objets anciens. Il avait aussi beaucoup d'humour. Maman le connaissait déjà auparavant. Dès notre première rencontre, nous l'avons apprécié, sans doute parce que nous ressentions son amour profond pour notre mère.

Rudy vint rapidement vivre avec nous. Peu de temps après, nous emménagions dans un nouvel appartement, toujours à Grasse. Avec ma sœur Nelly, je partageais une grande chambre avec une alcôve ; Laurent avait sa propre chambre. Nous étions proches des écoles. Rudy m'avait réparé un cyclomoteur avec lequel j'ai commencé à circuler. C'était pour moi le synonyme de la liberté et de l'indépendance.

Nous allions souvent aussi chez mémé Rosette, la maman de Rudy, une dame adorable, très gentille. Un vrai amour. Elle n'était pas très grande et avait les cheveux roux. C'était une mamie gâteau avec les enfants, très câline et affectueuse. Elle avait un côté très maternel. On passait les Noëls chez elle. C'étaient de grands repas familiaux.

Mais, à cette époque, j'étais de plus en plus souvent à Saint-Vallier : j'y avais des amis ; je commençais à sortir. Comme Rudy était plus strict que Diego, il m'arrivait de sortir en douce.

Aujourd'hui, j'ose l'avouer : une fois, j'ai fait le mur. Ma sœur avait fermé la fenêtre derrière moi ; je suis rentrée par la petite fenêtre de la cuisine. Malheureusement, le boulanger d'en face m'avait vue. Inquiet, il avait prévenu mes parents. J'ai eu une grande discussion avec eux.

J'étais en demande de plus en plus d'indépendance. Maman, trop gentille, me laissait beaucoup de liberté. Au final, je n'acceptais plus les contraintes, et encore moins celles qui venaient de Rudy.

Ma relation avec lui se fit alors de plus en plus tendue. Lui avait conscience que maman me laissait trop de liberté, et moi, en pleine crise d'adolescence, je n'acceptais pas son autorité alors que ses intentions étaient louables et protectrices. Malheureusement, dans mon esprit d'adolescente, Rudy n'avait pas son mot à dire ; à mes yeux, seule maman en avait le droit.

5

Mes premiers amours

On naît la première fois le jour où l'on naît à la vie, la seconde fois le jour où l'on naît à l'amour.

Victor Hugo

En septembre 1991, je venais d'entrer au lycée, qui se trouvait à cent mètres de notre appartement. C'était une immense bâtisse, majestueuse.

Me voilà donc dans la cour des grands, dernière trajectoire avant d'entrer dans le monde des adultes. Mais ce fut une année scolaire difficile. Les cours étaient intenses, riches, et il fallait tout enregistrer. J'avais énormément de mauvaises notes – sauf en sport. Mon temps était partagé entre l'école, le cheval, les sorties et les amies à Saint-Vallier. J'évitais la maison, où je me sentais de moins en moins bien.

Un jour, dans la cour du lycée, j'ai croisé un magnifique garçon, aux cheveux blond doré, de taille moyenne avec beaucoup de charisme. Je tombai immédiatement sous le charme.

Au début, je n'osais pas lui parler. Il faisait aussi du sport et était doué. Chaque fois que je le croisais, mon cœur battait terriblement fort. Chaque jour qui passait, JP hantait mon esprit. La nuit, allongée dans mon lit, je m'imaginais enlacée dans ses bras. J'étais en seconde, lui, en première.

Il ne va pas s'intéresser à une fille comme moi, me disais-je.

Je vivais mon amour platonique dans le plus grand secret. Je ne voulais pas prendre les devants ; j'étais bien trop timide pour ça.

Le professeur de sport du lycée m'avait repérée (pas JP, à mon grand regret) et m'avait demandé de m'inscrire à l'UNSS (Union nationale du sport scolaire). Je participai à un cross départemental, puis à un cross régional. J'étais ainsi qualifiée pour le championnat de France. Ironie du sort ou miracle du destin, JP, dans sa catégorie, faisait également partie de ce championnat. Nous sommes donc tous partis en voyage aux Mureaux, à Paris. Nous sommes arrivés sur place la veille du championnat et sommes donc descendus à l'hôtel. Ce soir-là, je me suis retrouvée près de JP. Nous avons échangé quelques mots, puis un rapprochement a eu lieu.

Par miracle, nos chambres étaient voisines. Je l'ai rejoint dans la sienne. C'était une chambre d'hôtel classique, avec un grand lit, une télévision, une petite table et deux chaises. Le décor était froid, mais la présence de JP réchauffait mon cœur. Dans cette atmosphère unique et inédite, nous avons échangé un premier baiser. C'était magique.

J'ai encore le souvenir de ce baiser plein de sensualité. C'était mon premier flirt. JP était un jeune homme séducteur, un beau garçon qui m'envoûtait également par son odeur.

Il m'impressionnait beaucoup aussi, et je n'osais pas lui avouer mes sentiments, car j'avais terriblement peur de souffrir. Je pensais qu'il n'avait aucun sentiment pour moi. J'étais tellement amoureuse que j'avais peur qu'il me rejette.

Malgré tout, je sentais qu'il m'appréciait, mais peut-être me faisais-je des idées ? Je n'ai pas eu le courage de prendre le risque de lui exprimer ce que je ressentais ; mes sentiments étaient trop forts.

Tu n'es pas assez bien pour lui, me disais-je. Je craignais aussi qu'il ne se moque de moi, ce que je n'aurais jamais pu supporter.

Le lendemain, au cross, nous avons couru plus de quatre kilomètres. La foule était présente pour nous encourager tout au long de l'étape. Il faisait froid, mais en courant mes muscles se réchauffaient. JP était là et il m'encourageait. Cela me donnait encore plus de force et de courage.

Je suis arrivée douzième. Ce fut une réelle stupéfaction. J'étais épuisée, mais tellement fière et heureuse de mon classement et de ma performance. JP était aussi très content pour moi et il m'a chaleureusement félicitée. À ce moment-là, j'étais émue et touchée au plus profond de mon cœur.

De retour à la maison, je décrochai de plus en plus de mes études, n'ayant plus aucune motivation. Après mes résultats au cross, je pus m'inscrire dans un club. Je courais des mille mètres, des mille cinq cents mètres, des trois mille mètres. Or, après avoir fait quelques compétitions, je me suis rendu compte que ce n'était pas pour moi. Je faisais souvent des tendinites et je n'avais pas du tout l'esprit de compétition. Il y avait trop de pression, et, en raison des angoisses que cela me procurait, j'ai décidé d'arrêter.

L'année se termina par un redoublement. Je passais de plus en plus de temps à cheval et à sortir à Saint-Vallier avec mes amies.

Après avoir repris une deuxième année de seconde, je décidai, au désespoir de maman et de Rudy, d'arrêter ma scolarité. Ma mère n'avait plus d'autorité ni d'emprise sur moi. Ma relation avec JP se termina également à cette époque.

À Saint-Vallier, j'ai rencontré Annie, une assistante maternelle mère de trois enfants. Blonde, pas très grande, un peu forte, le visage et le corps abîmés par l'alcool, elle portait toujours des vêtements un peu provocants pour une femme de son âge. Elle avait une voix rauque et éraillée.

Elle m'a proposé un emploi : garder des enfants et faire du ménage. J'étais logée et nourrie. J'avais aussi un petit salaire. Pour moi, c'était une opportunité, car je ne voulais plus vivre chez maman et Rudy. Comme j'avais une petite chambre indépendante, j'ai quitté la maison et la famille.

C'était une nouvelle existence qui commençait avec l'indépendance et la liberté. À ce moment-là, Annie m'a aidée à entrer dans la vie active. Elle m'accompagnait et m'aidait dans mes démarches administratives. C'était une femme très gentille, avec un côté maternel.

Peu de temps après, j'ai rencontré Patrick, un garçon sympathique et un peu fêtard. Il n'était pas spécialement beau. D'ailleurs, au début, je n'avais pas d'attirance pour lui. C'est surtout sa personnalité qui m'avait séduite. Il était plutôt petit, avait les cheveux châtains et les yeux marron. J'avais des sentiments, mais ce n'était pas le grand amour. Après quelques mois de bisous par-ci et de bisous par-là, Patrick voulait qu'on aille plus loin. Personnellement, je n'étais pas prête et j'avais peur. J'ai malgré tout cédé à sa volonté par curiosité et peut-être aussi pour devenir une femme.

Je ne voyais pas le mal, mais, malheureusement, je faisais une grande erreur de jugement. Mes raisons n'étaient pas les bonnes pour m'offrir à un garçon que je n'aimais pas vraiment.

Cette première fois fut décevante et je regrettai ma décision.

6

Davy, mon amour

Un amour fervent du théâtre n'est pas suffisant à un acteur : il doit s'y ajouter un amour fervent de soi-même et de la confiance en soi.

Charlie Chaplin

Quelques mois plus tard, je me trouvais avec une amie dans le village. Nous profitions du beau temps pour prendre l'air. Le soleil nous inondait de chaleur. Soudain, une curieuse voiture rouge, qui ressemblait à un corbillard, arriva.

C'était la première fois que je voyais un véhicule de ce genre. Deux jeunes hommes en sont descendus, dont un était vraiment très beau. C'était un brun aux yeux verts, assez grand et d'apparence très soignée. L'autre, grand, brun et mat de peau, me plaisait moins. Sans hésiter, ils sont venus vers nous.

— Salut, les filles, dit le beau garçon. Vous êtes d'ici ?

Je ne savais pas quoi répondre, tellement j'étais impressionnée par l'élégance et la beauté de ce jeune homme.

— Oui, répondis-je timidement.

— Enchanté, moi, c'est Davy, dit-il, et mon copain, c'est Michael. Et vous ?

— Sophie, répondis-je. Et ma copine, c'est Manu.

Davy ne semblait pas du tout timide. Au contraire, il était très entreprenant et avait beaucoup d'humour. On sentait qu'il avait confiance en lui. Il était flatteur, terriblement séducteur, ce qui ne me laissait en aucun cas indifférente.

J'étais, disons-le franchement, complètement sous le charme de ce beau garçon. Cependant, je fis en sorte de ne rien montrer. J'avais été très marquée par ma relation précédente et je me refusais à me jeter sans réfléchir dans les bras d'un autre.

Davy m'a regardée et m'a dit :

— Tu es très jolie.

Ses yeux verts m'hypnotisaient ; je ne sus que répondre et j'esquissai un timide sourire.

Les deux jeunes hommes nous ont invitées à boire un verre chez eux. Nous y sommes allées avec plaisir. Comment refuser ce genre d'invitation ?

Ils habitaient en colocation dans un bel appartement bien rangé et joliment décoré. Il y avait une cuisine, un salon avec un canapé, des étagères avec de nombreux objets de décoration. Sur les murs, il y avait des illustrations de motos, de camions, etc. C'était un intérieur très masculin, mais extrêmement propre. Ils avaient manifestement un talent pour le ménage que tous les hommes n'ont pas, tant s'en faut.

Malgré tout, je ne me sentais pas vraiment à mon aise. C'était la première fois que je me retrouvais chez des inconnus. Heureusement que mon amie était là.

Manu était une petite femme brune, au visage ovale. Une très jolie fille. Elle semblait plus à l'aise que moi et avait un tempérament différent du mien.

Elle n'avait jamais peur de rien. À cette époque d'insouciance, l'idée d'être tombées chez des fous ne nous avait pas traversé l'esprit. Nous avions confiance ; impossible de penser à l'impossible.

Tous les quatre, nous discutions. Je n'avais pas vraiment d'affinités avec Michael, que je trouvais froid et distant. Je me suis donc retrouvée très vite en tête-à-tête avec Davy. Il était très charmeur. Il était beau et il le savait. Il a tout fait pour me séduire. Il y avait une énergie invisible qui planait et me mettait littéralement mal à l'aise.

Je n'avais pas de pouvoir occulte, mais je sentais une étrange atmosphère. Peut-être la peur de ne pas être à la hauteur de l'homme qui était en face de moi. Davy me parlait :

— Tu aimes quoi, dans la vie ?

— J'aime sortir en ville, aller danser en discothèque, ai-je répondu.

Je me rendais compte que mes réponses étaient d'une grande banalité. En discutant avec lui, je me touchais les cheveux, et mon regard n'avait de cesse de fixer ses lèvres sensuelles. J'aimais sa façon de parler, de bouger, de rire. Chacun de ses mouvements m'attirait. Était-ce le coup de foudre ?

Nous étions dans sa chambre, tous les deux assis sur son lit. Je l'écoutais parler. Puis, son visage s'est approché de moi. Mon rythme cardiaque s'est emballé. J'étais tellement attirée que je me suis laissé embrasser. C'était un baiser plein de tendresse qui a fait battre mon cœur. J'étais troublée, submergée par des émotions que je n'avais encore jamais ressenties. Ses lèvres étaient si douces…

C'était la première fois que j'embrassais un garçon avec autant d'intensité. Tout en me donnant des baisers, il me caressait. À chaque passage de ses mains, je frissonnais de l'intérieur. Il m'avait littéralement envoûtée, comme s'il était un sorcier de l'amour.

Dans cette intense communion, Davy a tenté de m'attirer dans son lit pour faire l'amour. Mais je le connaissais à peine ; c'était trop rapide pour moi ; j'avais besoin de lui faire confiance d'abord.

Je le repoussai donc gentiment. Il fut compréhensif et respecta ma décision. Je suis rentrée chez moi dans ma petite chambre, troublée, pensive, surprise par mes émotions et par ce baiser inattendu. Mes pensées étaient tout entières occupées par Davy et par ce moment intense que nous avions vécu. Pour la première fois, je me sentais désirée.

À cette période, tout était parfait dans ma vie : j'avais un travail, un logement, mes amies, mes sorties, l'amour, et je faisais de l'équitation.

Certaines de mes amies connaissaient Davy et elles me déconseillèrent de m'engager dans une relation avec lui. On le disait coureur de jupons, beau parleur et un peu infidèle. Elles avaient peur que je souffre.

Je ne voulais rien entendre. J'étais déjà très attachée et je pensais qu'avec moi ce serait différent, qu'il était sincère et que ce serait du sérieux.

La fois suivante, quand nous nous sommes revus, je lui ai parlé de mes inquiétudes. Il m'a alors rassurée, me disant qu'il m'appréciait et qu'il ne me ferait jamais de mal.

Un soir, nous étions dans sa chambre pour avoir un peu d'intimité puisqu'il ne vivait pas seul. Nous nous sommes rapprochés un peu plus encore.

Son assurance, son humour, sa beauté provoquaient en moi un profond désir. Je me suis laissée aller dans ses bras. Nous avions autant envie l'un de l'autre. C'était un désir auquel nous n'avons pu résister. Ce fut un moment intense, j'étais envoûtée par son odeur et la douceur de sa peau. C'était un plaisir si fort que j'en oubliai toutes mes craintes.

Il s'est déshabillé avant de me retirer à mon tour mes vêtements, tout doucement. Je me souviens encore de son corps nu qui se frottait contre le mien. Je l'ai laissé entrer dans mon île secrète. J'avais l'impression de faire l'amour pour la première fois. Je ne pouvais pas être plus comblée qu'en cet instant. Allongée dans le creux du lit, je souriais, heureuse de cette première fois avec lui. J'étais si bien, enveloppée dans les bras de Davy.

***

Je ne voulais pas être envahissante ; je le voyais quand l'occasion se présentait, mais je m'arrangeais pour provoquer un peu les choses. Un soir, nous nous sommes retrouvés dans ma petite chambre.

Ce moment fut un véritable révélateur des sentiments que nous avions l'un pour l'autre, de la sincérité et de l'importance de cette histoire. Nous prenions conscience que nous étions bien ensemble sans aucun besoin des autres. Il y avait entre nous une vraie complicité.

Ce soir-là fut le début d'une grande histoire d'amour : il était l'homme de ma vie, le seul et l'unique, celui avec qui je voulais vivre mon existence à cent pour cent.

Peu de temps après, nous avons pris un logement, qui, par chance, se trouvait à côté de mon lieu de travail. À cause de son emploi de chauffeur-livreur, il ne rentrait qu'un jour sur deux.

L'appartement comprenait deux grandes pièces avec de grandes baies vitrées. Certes, ce n'était pas Versailles, mais c'était largement suffisant pour nous deux. Je prenais un plaisir fou à décorer.

C'était notre nid d'amour, notre jardin secret. J'avais suspendu aux murs ses illustrations de motos et de camions pour lui faire plaisir. J'avais mis ma petite touche personnelle en installant des plantes vertes.

C'était un grand bonheur d'être chez moi et d'aménager l'ensemble selon mon goût. J'aimais même faire les courses, à manger et le ménage. Le fait d'avoir mon propre logement me donnait une force et des responsabilités.

Davy et moi, nous vivions *la vie en rose*, comme le chantait Édith Piaf d'une voix forte et puissante. Vivre ensemble était un vrai bonheur, follement enrichissant.

Les week-ends, nous sortions danser dans les bals et les discothèques. Nous partagions des balades en moto avec ses amis. Malheureusement, sur la moto, je n'étais jamais derrière lui, mais souvent derrière un de ses amis. Il vivait sa passion de façon très personnelle, à la limite de l'égoïsme et, parfois, j'avais le sentiment d'être en concurrence avec sa moto, mais je l'acceptais par amour.

***

Les mois ont passé. J'étais heureuse, mais j'avais besoin de plus pour que mon bonheur soit parfait.

J'ai un appartement, un amour. Que peut-il me manquer ? me disais-je.

Un bébé ? Eh oui, j'avais en moi un profond désir d'enfant. J'aimais tellement Davy que j'avais envie de fonder une famille avec lui. C'était une évidence : il devait être le père de mes enfants.

Alors, pourquoi attendre, puisque je savais pertinemment que c'était avec lui que je voulais faire ma vie. Avec Davy, j'étais en confiance. Il pouvait avoir toutes les femmes qu'il voulait, mais, comme il m'avait choisie, c'est qu'il m'aimait réellement. Malgré tout, je ne savais pas ce qu'il pensait au fond de lui de l'idée d'avoir un enfant. Un soir, j'ai donc décidé de lui en parler :

— Davy, mon amour, j'ai quelque chose d'important à te dire.

Il m'a regardée avec étonnement et m'a dit :

— Raconte-moi.

— Cela fait plusieurs mois que nous sommes ensemble. Je t'aime ; mes sentiments sont très forts pour toi. Je n'ai jamais ressenti cela pour personne d'autre. Je souhaite maintenant avoir un enfant de toi.

Pendant un instant, ses yeux verts sont restés à me fixer.

— Tu veux vraiment un enfant ?

— Oui, je le veux, ai-je répondu.

— Je veux bien aussi un enfant avec toi. Ça me rendrait heureux, m'a-t-il dit avec un large sourire.

À ce moment, j'étais heureuse, mais surprise qu'il soit d'accord. Il était confiant. Je m'attendais à un refus ou alors à de l'hésitation. Mais non, rien.

J'étais ravie, ivre de bonheur. Le lendemain, impatiente de tomber enceinte et de devenir maman, j'ai donc cessé de prendre la pilule. Je me voyais déjà en train de créer une belle famille avec l'homme que j'aimais. Nous faisions régulièrement l'amour, mais pas plus que d'habitude. Je me disais que cela viendrait sans forcer les choses.

Une nuit, nous jouions corps nu contre corps nu. Il m'embrassait avec une extrême délicatesse. Je me rappelle ses lèvres sur ma chair. J'étais ivre de plaisir. Je sentais ses mains jouer sur les parties les plus intimes de mon corps. Cet échange de plaisir était divin.

Une fois l'acte d'amour terminé, j'eus une étrange sensation, comme un plaisir plus intense et, étrangement, j'ai entendu une voix intérieure me dire : *Ça y est. À cet instant, toute ma vie va changer.*

Instantanément, j'ai su qu'un miracle était en train de se produire en moi. Celui de la vie. J'étais troublée et émue, plus amoureuse que jamais, marquée par cette inoubliable nuit. Je n'avais aucun doute : j'étais forcément enceinte. Coulaient sur mon visage des larmes de joie que je tentai de dissimuler à Davy.

Quelques semaines plus tard, je suis allée faire une prise de sang. J'avais déjà des signes qui pouvaient me laisser penser que j'étais enceinte, mais il n'y avait encore rien de concret. Avec la prise de sang, j'allais savoir si les jeux étaient faits. J'étais chez moi, attendant avec impatience que le laboratoire me téléphone pour me donner le résultat. Soudain, la sonnerie retentit. Mon cœur battait la chamade. Je me souviens de m'être dirigée vers le combiné.

— Allo.

J'ai entendu une voix féminine me dire :

— Je suis bien chez mademoiselle Sophie Serrano ?

— Oui, c'est moi.

— Je suis madame Unetelle, du laboratoire. J'ai les résultats de votre examen sanguin.

— Ah oui ! Est-ce positif ? dis-je, tout excitée.

— Oui, mademoiselle. Félicitations, vous êtes enceinte.

J'étais heureuse.

— Merci ! Merci ! Merci !

J'ai raccroché le combiné, puis je me suis mise à sauter de joie dans tous les sens. Je n'avais jamais été aussi heureuse de ma vie. C'était un moment incroyable.

Mais arrête de sauter comme ça, me disais-je. *Ce n'est pas bon pour le bébé.*

Je me sentais déjà responsable. Les battements de mon cœur s'accéléraient comme le rythme d'un bon disco. J'étais tellement contente.

J'étais également impatiente de l'annoncer au futur papa et de partager ce bonheur avec lui. Je l'imaginais me prendre dans ses bras, espérant faire de lui le plus heureux des hommes. Je suis restée à l'attendre pendant des heures et des heures. Cela me paraissait interminable.

Lorsqu'il est rentré, j'étais tout excitée de lui annoncer la bonne nouvelle.

— Chéri, j'ai quelque chose d'important à te dire.

— Quoi donc ? m'a-t-il demandé, étonné.

— Je..., je suis…

Des larmes ont commencé à couler de mes yeux. Ma voix tremblotait. Je me suis reprise :

— Je suis enceinte, ai-je dit d'un air radieux.

Davy n'accueillit pas du tout la nouvelle comme je l'avais espéré. Il semblait inquiet, voire distant. Sa réaction me déstabilisa. Soudain, je me sentis seule et désemparée.

— Mais pourquoi ne dis-tu rien ?

— Ne m'en veux pas, mais là, je suis perdu. J'ai beaucoup de doutes qui me submergent, me répondit-il.

Je le comprenais, mais je ne pouvais m'empêcher de penser : *Ses doutes, il aurait pu les avoir avant et pas une fois que ce bébé est en moi.*

J'étais terrifiée. J'avais peur qu'il me demande de ne pas garder cet enfant que je désirais tellement. Je n'aurais jamais pu lui pardonner de me faire vivre une telle souffrance juste parce qu'il n'avait pas assez réfléchi en amont à une décision d'une telle importance. Je ne lui avais pourtant rien imposé. Il était d'accord. Et là, il donnait l'impression de ne plus vouloir rien assumer.

En cet instant, je pensais qu'il n'avait pas le droit de jouer ainsi avec la personne qu'il disait aimer. Je trouvais sa réaction affligeante. J'étais tout bonnement assommée, imaginant le pire.

De plus, notre couple ne pourrait pas survivre s'il me demandait d'avorter : je lui en aurais trop voulu.

Quelques heures plus tard, cependant, Davy est venu me voir.

— Je suis désolé, ma chérie, de mon comportement. J'ai réfléchi et je veux qu'on garde ce bébé. J'ai eu peur, mais je désire cet enfant.

Mes yeux ont brillé. Je ne savais plus quoi dire. Aussitôt, nous nous sommes enlacés. Lovée contre lui, je me sentais rassurée. Je lui pardonnais d'avoir eu peur et d'avoir douté. Enfin, nous avons pu apprécier ce moment de bonheur ensemble.

Nous allions pouvoir réellement commencer notre vie de famille.

7

Les battements de cœur de mon bébé...

Toutes les femmes déploient une innocente coquetterie pour leur première grossesse. Semblables au soldat qui se pomponne pour sa première bataille, elles aiment à faire la pâle, la souffrante ; elles se lèvent d'une certaine manière, et marchent avec les plus jolies affectations. Encore fleurs, elles ont un fruit ; elles anticipent alors sur la maternité.

Honoré de Balzac

Ma main posée sur mon ventre, je me sentais bien et sereine. Déjà, une communion mystique s'installait entre le bébé et moi. Allongée sur le canapé du salon, j'écoutais le silence pour communier avec l'être qui était en moi. Je n'étais plus seule. Mon âme cohabitait avec une autre, et c'était une étrange sensation. Mais ce lien entre cet être inconnu et moi était déjà intense, je sentais une belle harmonie.

Il fallait que j'aille l'annoncer à la personne qui me connaissait le mieux : ma mère. Je me suis donc rendue chez elle.

Ce jour-là, maman était habillée d'une longue robe à fleurs. Comme d'habitude, je l'ai trouvée jolie, avec son sens inné de la coquetterie. J'ai toujours été admirative de sa beauté. Sans plus attendre, je lui annonçai la bonne nouvelle :

— Maman, j'ai quelque chose d'important à te dire, je…

Elle ne m'a pas laissée finir, et m'a coupé la parole :

— Tu attends un bébé ? m'a-t-elle dit.

J'étais surprise ; elle m'avait enlevé les mots de la bouche. J'avais tellement envie de lui annoncer la bonne nouvelle. Mais elle l'avait devinée…

Il est vrai qu'elle avait toujours eu un sixième sens. Sans être voyante ou médium, elle ressentait les choses.

Ma mère m'avait eue très jeune, quand elle n'avait que dix-sept ans. Elle me répondit aussitôt :

— Tu es trop jeune, c'est trop tôt.

Je la sentais inquiète.

— Je veux ce bébé, j'en suis certaine. C'est un acte réfléchi, lui ai-je répondu.

— Si tu es sûre de toi et si tu le veux, c'est une bonne nouvelle, me dit-elle d'un ton joyeux.

Elle était contente pour moi ; heureuse parce que je l'étais aussi.

Je me souviens qu'un mois après, elle m'avait déjà acheté des biberons.

***

Les trois premiers mois de la grossesse, j'ai eu beaucoup de nausées et j'ai de ce fait perdu du poids. J'ai souhaité également passer mon permis de conduire.

C'était une chose importante avant la naissance du bébé. Nous devions aussi faire de nombreux préparatifs : acheter la layette, le landau, etc.

Tout cela n'était pas un problème pour moi, car j'étais assez active, énergique et très motivée. À croire que la grossesse me donnait des ailes. Davy, lui, ne réalisait pas vraiment, mais il était gentil. Il faisait toujours des balades en moto, mais sans moi. Je me sentais frustrée, mais c'était pour la bonne cause. Je ne me sentais pas le droit de l'envier, car il m'avait offert le plus beau des cadeaux : il était incroyable d'imaginer qu'un petit être grandissait en moi. Chaque jour, je me regardais dans le miroir pour voir mon ventre s'arrondir.

Il fut très difficile pour moi d'arrêter l'équitation. Je montais encore de temps en temps, mais doucement. J'ai l'ai fait jusqu'à trois mois de grossesse ; ensuite, j'ai arrêté pour ne pas prendre de risques. Il était hors de question de perdre le bébé. J'y tenais comme à la prunelle de mes yeux.

Le week-end, nous sortions en discothèque pour aller danser. Nous faisions aussi des repas entre amis et nous allions à la piscine. L'eau qui flirtait avec mon corps me faisait un bien fou.

Nous avons dû déménager, car l'appartement était trop petit pour accueillir un bébé. Nous avons donc emménagé dans l'appartement où vivaient Davy et son copain Michael à l'époque où nous nous étions connus. Cet appartement appartenait à Cathy, la mère de Davy, une femme brune aux yeux verts, qui avait dû être belle dans sa jeunesse.

Elle ne m'appréciait pas vraiment, ne me trouvant sans doute pas assez bien pour son fils. Je me demandais même s'il existait vraiment une femme assez convenable pour son tendre enfant. Mais, comme elle n'avait pas trop le choix, elle s'est forcée à rester agréable et courtoise en ma présence.

Chaque jour, elle venait apporter des pains au chocolat à son fils. Comme une mère juive, elle était un peu envahissante et intrusive. Je me souviens d'un matin où nous dormions. Elle est entrée avec un double des clés qu'elle avait gardées. Cela m'agaça beaucoup, et Davy lui a fait comprendre qu'elle empiétait bien trop sur notre intimité. Ce jour-là, il fixa des limites qu'elle a, par la suite, toujours respectées.

***

Je grossissais peu, reprenant simplement les kilos que j'avais perdus en début de grossesse. Je commençais à sentir le bébé bouger dans mon ventre, ce qui constituait une sensation extraordinaire. Je réalisais que tout ceci était bien réel, qu'il était présent.

Mes souvenirs me ramènent dans le cabinet de mon gynécologue à la clinique Madeleine, à Grasse. La pièce était froide et sans âme, comme dans la plupart des hôpitaux.

Le gynéco était un homme très charmant et sympathique. Je me suis déshabillée avant de m'allonger sur sa table médicale. Mon ventre s'était déjà bien arrondi. Le docteur m'a auscultée. Apparemment, tout allait bien.

— Voulez-vous entendre le cœur de votre bébé ? me dit-il.

— Oh oui ! répondis-je, tout excitée.

J'entendis : « Boum, boum, boum, boum. » Les pulsations étaient régulières. Entendre les battements du cœur de mon bébé me procura une intense émotion.

— Souhaitez-vous connaître le sexe ? me demanda le docteur.

Quelle ne fut pas ma surprise !

— Ah bon, il est déjà possible de le savoir ? dis-je bêtement.

— Oui.

— Alors, oui, je veux savoir.

Après un court silence, le gynéco reprit la parole :

— Votre enfant n'a pas de zizi. C'est une fille.

— Une fille ? répétai-je, tout émue.

— Oui, vous avez bien compris.

J'étais ravie, comblée. Il n'y avait aucun adjectif assez fort pour exprimer ce que je ressentais. D'ailleurs, je crois qu'il aurait fallu des mots nouveaux pour définir mes sentiments.

De retour à la maison, j'étais radieuse et heureuse d'annoncer la bonne nouvelle à Davy.

— Chéri, je connais le sexe de notre enfant.

— Dis-moi, répondit Davy, impatient.

— C'est une fille.

À cet instant, je pus constater que ses yeux brillaient. Il était aussi heureux que moi. J'étais tellement contente d'avoir une petite fille.

Je me voyais déjà la pouponner, l'habiller avec de belles robes, la coiffer. Je considérais qu'une petite fille, c'était un peu comme une poupée. J'étais impatiente de la voir, de la tenir dans mes bras, impatiente de la voir parmi nous.

J'aimais être enceinte. C'était une sensation très agréable. J'avais de folles envies de tomates et de glaces à l'orange.

Nous avions des relations sexuelles au début de la grossesse, mais ensuite, de moins en moins, car je ne me sentais pas belle physiquement ; je pensais que j'étais moins désirable. J'étais jeune, et le changement de mon corps me mettait mal à l'aise.

Mais, je dois l'avouer, les rapports intimes ne me manquaient pas. J'étais déjà tellement comblée par le fait d'être enceinte ; cela me suffisait.

À cette période, j'ai eu mon Code de la route, et ce fut une grande joie. Pour moi, c'était le début de la concrétisation de mon indépendance. C'était aussi une nécessité, à l'arrivée du bébé, de pouvoir me déplacer seule en voiture pour aller chez le pédiatre, faire les courses, etc.

Financièrement, nous étions assez justes : Davy mettait beaucoup d'argent dans sa moto, qui était clairement une priorité dans sa vie. J'en étais affectée et je me sentais seule par moments. Mais je pensais que cela changerait tout naturellement à la naissance de notre bébé.

Il fallait également choisir un prénom, décision importante, car un prénom est une empreinte indélébile dans la vie de votre enfant. Je me souviens encore de ce jour-là. Nous étions dans notre chambre quand nous avons commencé à réfléchir au futur prénom de notre petite fille.

— Camille ? J'aime beaucoup ce prénom, lui dis-je.

— Je n'aime pas. C'est joli, mais je n'aime pas, m'a répondu Davy.

— Clara ?

— Non plus.

Je cherchais dans ma tête un prénom qui pourrait nous plaire, quand soudain Davy prononça :

— Manon ?

Aussitôt, ce prénom a résonné dans ma tête. Oui, c'était une évidence.

— Parfait, j'adore, lui ai-je répondu, toute contente.

J'étais très heureuse que l'idée vienne de lui. Je le sentais concerné. Je trouvais très important qu'il soit à l'origine de l'identité de notre enfant, vu que ce n'était pas lui qui le portait.

Des amis nous ont donné de la layette et des vêtements pour plusieurs mois. La grand-mère de Davy nous avait offert le mobilier de la chambre du bébé. Le reste, nous l'achetions petit à petit. Tout était donc presque prêt pour l'arrivée de Manon.

Sur la Côte d'Azur, le soleil brille tôt dans la saison. J'ai commencé à aller à la plage. Un jour, une idée m'est venue : comme je ne pouvais plus dormir sur le ventre depuis plusieurs mois, j'ai creusé un trou dans le sable. J'ai mis mon ventre au frais à l'intérieur et j'ai dormi comme un bébé. Ce fut un plaisir fou de retrouver une position qui me manquait.

Je prenais pas mal de leçons de conduite. Mon bébé bougeait et, chaque fois que je posais ma main sur mon ventre, le moniteur était inquiet. Il me regardait d'un air un peu anxieux. Je redoutais de ne pas avoir mon permis à temps, et, pourtant, il était impératif que je l'aie avant la naissance.

Le jour de l'examen, j'étais stressée, mais confiante. Une jeune fille, petite et menue, m'avait précédée dans la voiture et quand, à mon tour, je me suis assise, je suis restée coincée entre le siège et le volant. L'examinateur m'a fait un signe de tête et un léger sourire, laissant entendre qu'il comprenait la situation. Il m'a dit :

— C'est bon, vous pouvez reculer votre siège.

Après quinze minutes de conduite, l'examinateur m'a remis un papier rose : j'avais mon permis. Ce fut un soulagement et une victoire. Surtout, ce papier rose était synonyme d'indépendance.

8

À la maternité

Le présent accouche,
dit-on, de l'avenir.

Voltaire

Le soir du 3 juillet 1994, je dînais avec Davy chez des amis. L'ambiance était agréable, le repas, divin. L'odeur de la viande grillée enchantait nos narines. Je me souviens d'avoir ressenti quelques douleurs au ventre ; je ne me sentais pas très bien. J'avais l'impression d'être sur un bateau qui tanguait. J'ai dit à Davy :

— Je suis fatiguée. J'aimerais rentrer à la maison.

Nous sommes donc revenus à l'appartement et je me suis couchée. La fatigue était si intense que je me suis endormie rapidement. Je pensais qu'une bonne nuit de sommeil me ferait le plus grand bien. Mais, quelques heures plus tard, des douleurs beaucoup plus fortes me réveillèrent.

Ces douleurs m'intriguaient. Elles étaient espacées. Je repensais aux diverses histoires d'accouchement que des amies m'avaient racontées et calculai l'intervalle entre chaque douleur. Étaient-ce des contractions ? Je n'en savais rien puisque je n'en avais jamais eu. Je ne savais pas ce qu'étaient ces maux de ventre, l'accouchement n'étant théoriquement prévu que deux semaines plus tard. Je n'avais jamais vécu cela. Je commençais à m'inquiéter. J'ai donc téléphoné à la personne en qui j'avais le plus confiance : ma maman.

Au bout de trois sonneries, elle décrocha.

— J'ai des douleurs au ventre. J'ai vraiment très mal, lui dis-je.

— Combien de temps entre chaque douleur ? me demanda-t-elle.

— Cinq minutes.

— Prends vite ta valise et ne perds pas de temps. Rends-toi à la clinique ! me dit ma mère d'un ton autoritaire.

Vais-je accoucher maintenant ? me demandais-je, étonnée.

Ma valise était déjà prête depuis plusieurs semaines. J'étais tout excitée, euphorique même : j'allais devenir maman. Malgré les douleurs, j'étais radieuse. Enfin, j'allais voir mon bébé et pouvoir le toucher, le tenir dans mes bras. Dans cette précipitation, Davy était anxieux et un peu paniqué. Je sentais qu'il prenait sur lui pour me soutenir, être fort et rassurant.

— Chérie, ne t'en fais pas, tout va bien se passer, me dit-il tout en me prenant la main.

La voiture n'était pas garée trop loin, heureusement, car j'avançais difficilement en tenant mon ventre comme un joueur de rugby tient son ballon. Je suis montée à l'arrière du véhicule afin d'avoir plus de place et être plus à l'aise, m'allonger pour me soulager. Il y avait une heure de route jusqu'à la clinique Clinica de Cannes-La Bocca. Il faisait nuit, mais le temps était doux. Pendant le trajet, je me souviens que Davy faisait son possible pour limiter les secousses en contournant les trous et les bosses. Comme il ne pouvait pas éviter les dos d'âne, il les prenait très lentement et très délicatement. J'appréciais toutes ces attentions, à mes yeux très touchantes et émouvantes.

Toutes les cinq minutes, il me demandait :

— Comment vas-tu, chérie ? Tout va bien ?

Je lui répondais alors positivement, même si par moments les contractions étaient insupportables, mais je n'osais pas le lui dire pour ne pas l'inquiéter. Il allait devenir papa pour la première fois ; il était déjà suffisamment paniqué comme ça.

À la clinique, je fus aussitôt prise en charge par l'équipe médicale. J'avais des douleurs intenses qui provoquaient même des nausées. Je pleurais de douleur, mais c'était quand même du bonheur. Nous avons traversé de longs couloirs froids et sans âme. Nous étions en pleine nuit. C'était le silence complet. Seul le bruit de nos pas résonnait sur le carrelage. Tous les patients semblaient dormir. Nous sommes arrivés devant une grande porte fermée sur laquelle était écrit :

SERVICE GYNÉCOLOGIE – OBSTÉTRIQUE

L'infirmière qui nous accompagnait sonna à la porte. Une personne du service vint nous accueillir : c'était la sage-femme. Vêtue d'une combinaison verte, elle était souriante. Pas très grande, elle avait les cheveux châtains ramassés en chignon.

— Bonsoir, nous dit-elle joyeusement.

— Cette jeune femme, mademoiselle Serrano, va probablement accoucher, lui dit l'infirmière.

La sage-femme me regarda de haut en bas, esquissant un autre sourire, et dit :

— Ne vous inquiétez pas, je vais prendre soin de vous.

À mon tour, j'ai souri, mais je n'étais pas vraiment très rassurée. Davy me tenait par le bras pour m'aider à marcher, de peur que je ne m'écroule. Avant de partir, l'infirmière nous salua et nous félicita à l'avance. Je me disais qu'il n'était jamais de bon aloi de féliciter une naissance avant qu'elle ait lieu.

La sage-femme nous emmena dans une petite pièce. Il y avait une table médicale, un monitoring, un petit tabouret à roulettes et des ustensiles médicaux. Je regardai Davy : il ne semblait pas du tout rassuré. Nous étions dans un endroit qui lui était complètement inconnu. Tout comme moi, il découvrait cet univers.

— Souhaitez-vous un brumisateur d'eau ? me demanda la sage-femme.

— Volontiers.

Je devais rester à jeun pour la péridurale, mais j'avais tellement soif que ce brumisateur me ferait du bien.

— Je vais vous le chercher. Pendant ce temps, allongez-vous sur la table médicale.

Sans attendre, je m'exécutai. Mes maux de ventre étaient encore constants. Davy restait debout. Il n'osait pas trop parler et, étrangement, la pièce est alors devenue comme un lieu de prière habité par le silence.

La porte s'ouvrit, la sage-femme revint et mit fin à ce silence qui nous avait enveloppés.

— Voilà votre brumisateur, mademoiselle ! me lança-t-elle.

J'avais la gorge sèche. Ces quelques gouttes d'eau fraîche sur mon visage me firent le plus grand bien.

— Je vais vous ausculter. Merci de vous déshabiller.

La sage-femme mit des gants médicaux en latex transparent. Elle s'approcha de moi en me disant :

— Écartez vos jambes. Je dois vérifier votre col pour la dilatation.

Elle fit alors son travail. Je pensais que j'allais accoucher dans peu de temps et, pour éviter d'avoir mal trop longtemps, je lui ai demandé :

— Puis-je avoir la péridurale ?

— Votre col n'est ouvert qu'à trois centimètres. Il faut encore patienter. Normalement, dans une heure, nous pourrons la faire, m'a-t-elle répondu.

Elle alluma le monitoring, qui sert à surveiller les contractions et la fréquence cardiaque du bébé tout au long de l'accouchement. Sur mon ventre, elle plaça deux capteurs reliés à la machine. Après avoir installé tout son matériel, la sage-femme nous laissa seuls, Davy et moi, en amoureux.

L'heure qui suivit fut difficile, la douleur des contractions étant intense. Je n'osais pas crier, de peur d'ameuter toute la clinique.

Seule dans mon coin, accompagnée de mon chéri, j'attendais la fin de cet épisode douloureux. J'avais surtout hâte de voir ma fille que j'aimais déjà. Angoissée, j'attendais. J'étais au moins certaine d'une chose : cette journée serait un grand jour, un jour unique. Probablement le plus important de ma vie.

***

La sage-femme est revenue.

— Nous allons vous transférer dans la salle d'accouchement. Vous pouvez vous déshabiller et enfiler ceci, dit-elle en me tendant une fine blouse verte.

Après m'être changée, j'ai suivi la sage-femme. Davy était à côté de moi, me tenant par le bras pour m'aider à avancer. Dans la grande salle d'accouchement, l'ambiance était très différente. Il y avait un grand lit, plusieurs monitorings, une perfusion, un tabouret, etc. Le médecin anesthésiste était déjà là, qui m'attendait. C'était un homme grand aux cheveux châtains. Il avait l'air plutôt sympathique.

La sage-femme me demanda de prendre place sur le lit. Davy restait à mes côtés pour m'aider dans ces moments rendus difficiles par la douleur, mais aussi pleins de bonheur. Le bébé allait arriver sous peu. Dans mes pensées, j'imaginais déjà le visage de ma fille, mais le médecin anesthésiste me sortit de mes rêves.

— Madame, nous allons faire la péridurale.

Il avait entre ses mains une immense aiguille. Quand je l'ai vue, j'ai été très impressionnée. Voyant ma grimace, le médecin me rassura :

— Ne vous inquiétez pas. Ça fait peur, mais vous n'allez rien sentir.

Je m'allongeai sur le côté pour qu'il me pose la péridurale, et je n'ai effectivement strictement rien senti. J'ai pu souffler et me détendre un peu avant l'accouchement.

Ma mère aussi est passée par là pour me mettre au monde ; elle a sûrement éprouvé toutes ces mêmes sensations et ces sentiments de bonheur le jour de ma naissance, pensai-je.

La sage-femme me demanda de pousser, mais je ne sentais plus de contractions. Je m'en inquiétai. Je ne savais pas comment faire. Le gynéco, présent dans la pièce, me rassura et me dit :

— Je vais vous guider.

C'était un médecin très consciencieux dans son travail et à la fois soucieux de mon bien-être. J'avais beaucoup de chance.

Pendant dix minutes, je n'ai pas cessé de pousser. J'étais fatiguée et j'avais très soif. Davy me tenait la main ; il avait posé son autre main à l'arrière de ma tête. Il me rafraîchissait le visage à l'aide du brumisateur. J'avais l'impression qu'il se sentait impuissant.

Le matin du 4 juillet 1994, après beaucoup d'efforts, Manon vit le jour. C'était la délivrance, et ce mot prenait vraiment tout son sens.

La sage-femme a posé délicatement mon bébé sur ma poitrine. C'était un moment incroyable, sûrement le plus beau jour de ma vie.

Je ressens encore l'odeur de sa peau tellement douce. J'étais épuisée, mais heureuse. Lorsque j'ai entendu Manon pleurer, jamais je n'avais ressenti quelque chose d'aussi émouvant. Ses pleurs résonnent encore aujourd'hui dans ma mémoire.

Davy a coupé le cordon. Il était impressionné. Je le sentais troublé et ému, un peu mal à l'aise aussi.

Les premiers soins ont été prodigués. J'étais rassurée de savoir que Manon était en parfaite santé. C'était le bonheur absolu. J'étais comblée, et ma vie prenait tout son sens.

De retour dans la chambre, je parvins enfin à me reposer un peu. Puis, ce fut l'heure du premier biberon. J'étais très attentive aux conseils de la sage-femme, car j'étais complètement inexpérimentée. J'étais dans un autre monde. La présence de mon bébé me remplissait de bonheur. C'était un ouragan de joie.

***

En regardant Manon, j'avais cependant une inquiétude, car elle avait le teint jaune.

— Pourquoi a-t-elle le visage de cette couleur ? ai-je demandé à l'infirmière.

— C'est un ictère – une jaunisse, si vous préférez. C'est assez courant chez les nourrissons. Il faut effectuer des expositions aux rayons, donc la placer sous des lampes, m'a-t-elle répondu.

Je n'y ai pas accordé plus d'attention que ça. Je faisais confiance à l'infirmière.

Ma mère est venue me rendre visite à la maternité. Elle était heureuse de tenir dans ses bras la petite Manon. Je me souviens encore de ses larmes qui coulaient sur son visage. J'étais aussi très fière de présenter la petite merveille à la famille et aux proches.

J'avais Manon par intermittence. L'infirmière m'avait conseillé de la laisser la nuit en nurserie. C'était un service proposé par la clinique pour que les mamans puissent se reposer et prendre le relais une fois rentrées à la maison. Comme j'étais fatiguée, j'ai accepté, pensant que c'était la meilleure solution. Je me sentais assez dépossédée de mon bébé : il y avait les placements sous les lampes, les nombreuses visites des proches, les nuits à la nurserie, les soins prodigués par le personnel (le change, le bain, etc.).

C'est pour son bien. Je ne peux pas prendre le risque de mal faire les soins. C'est normal d'apprendre et ce serait égoïste de ma part de refuser toutes ces aides professionnelles pour le bien-être de mon bébé, me disais-je pour me rassurer.

Malgré tout, j'étais assez troublée et déboussolée. J'avais envie de rentrer à la maison pour avoir enfin ma fille rien que pour moi et pour nous retrouver en famille avec son papa.

Le jour de la sortie approchait. Manon revenait de la séance de rayons. J'étais heureuse de la retrouver. Mais, à ce moment-là, quelque chose m'interpella : elle était habillée avec les vêtements que je lui avais mis le matin – un pyjama rose clair –, mais elle était différente. Je trouvais qu'elle avait un peu plus de cheveux, et ils semblaient plus longs. Cela me paraissait étrange.

Je m'interrogeai : un nourrisson change-t-il si vite ? Comme je n'avais aucune expérience en la matière, j'ai appelé l'infirmière pour lui poser la question.

Comment vais-je poser ce genre de question sans paraître idiote ? me demandai-je. Peut-être était-ce normal... Mais il me fallait tout de même une explication.

Lorsque l'infirmière entra dans la chambre, je me suis sentie très gênée quand je lui ai posé la question :

— Pourquoi mon bébé a plus de cheveux que ce matin ?

Ce manque de confiance me faisait douter de moi. Je m'attendais à être rassurée sur ce que je ressentais.

Je pensais que l'infirmière comprendrait mon manque d'expérience, et ce fut tout le contraire. Je me suis sentie ridicule lorsqu'elle m'a servi un regard surpris et dévalorisant, l'air de dire : « Quelle question saugrenue ! »

Elle m'a répondu d'un ton désagréable et d'un air moqueur :

— Il n'y a rien d'anormal. Qu'allez-vous chercher là ? Euh… Je ne sais pas… Ce sont probablement les rayons qui ont fait pousser les cheveux en accélérant le terme de votre bébé né quinze jours avant. Cela peut arriver.

Cette explication me paraissait plausible, possible et logique. Un bébé change si vite. Je me sentis alors rassurée, mais j'avais envie de me cacher tellement j'avais honte de moi, de mes questions, de mes angoisses.

J'avais aussi des doutes sur mes compétences de maman. Peu à peu naissait en moi une réelle perte de confiance. Je me suis sentie idiote, surtout quand j'ai constaté que ni Davy ni sa famille ne s'étaient aperçus de rien. Je me suis vraiment sentie très seule.

Cela n'était sûrement qu'une mauvaise impression, ai-je pensé, jusqu'à ce que ma maman vienne me chercher pour me ramener à la maison, Davy travaillant ce jour-là. L'apparence de notre bébé l'interpella également.

— Manon a bien changé ! me dit-elle d'un air très surpris.

Je fus alors rassurée de voir que ma mère également avait remarqué des changements chez mon bébé. Je n'étais pas folle.

— Il y a un problème. On dirait qu'ils se sont trompés de bébé, ajouta ma mère en insistant.

Là, pour le coup, je me disais qu'elle exagérait un peu. C'était impossible, n'est-ce pas, de se tromper de bébé ?

D'autant que j'avais déjà l'explication du problème donnée par l'infirmière. J'étais doublement réconfortée, d'une part par l'infirmière et, d'autre part, par le fait que ma mère avait remarqué les mêmes changements que moi chez mon bébé. Je pouvais donc me faire confiance.

Je donnai à ma mère, sereinement et en toute confiance, l'explication de l'infirmière. À son tour, elle fut rassurée. Après tout, nous ne pouvions pas être mieux renseignées que par une professionnelle de la santé.

Après cet épisode perturbant, nous sommes rentrées à la maison, moment tant attendu pour vivre enfin des heures privilégiées en famille.

9

« Votre fille ne ressemble pas à son père... »

Nul n'ira jusqu'au fond
du rire d'un enfant.

Victor Hugo

Je profitai de chaque moment avec Manon. Tout était merveilleux : la sortir de la clinique dans son landau ; l'installer dans la voiture ; la regarder pendant le trajet…

J'avais enfin la liberté de m'occuper d'elle toute seule. Je me sentais maman à part entière. C'étaient des moments privilégiés que je ne peux oublier. Un vrai bonheur d'être en famille.

Davy aussi était heureux, mais impressionné. En effet, il avait du mal à prendre des initiatives, car il avait peur de manipuler le bébé et de lui faire du mal. Mais je comprenais ses peurs et je le soutenais.

Les premières nuits furent épuisantes, mais c'était malgré tout un plaisir, et les sourires de Manon effaçaient ma fatigue. Je me souviens aussi de nos premières sorties dans le village avec le landau. Je ressentais un immense bonheur et beaucoup de fierté. La vie reprenait son cours comme un enchantement.

Je me suis acheté une petite voiture. Ainsi, j'ai pu faire les courses, aller à mes rendez-vous, faire des balades, voir ma famille. C'était vraiment la liberté et l'indépendance. Je me sentais mère de famille à part entière. C'était une jouissance extraordinaire, une joie unique et merveilleuse.

À cette période, j'appris que maman attendait un enfant. Cette nouvelle, comme tombée du ciel, me fut agréable, mais je fus tout de même surprise, car je pensais que maman ne voulait plus d'enfant.

Toute la famille a déménagé, toujours à Grasse, pour aller dans une maison plus grande, plus adaptée. J'allais les voir de temps en temps.

Maman était très amoureuse de Rudy. Il n'avait pas d'enfant, et c'est la raison pour laquelle elle voulait lui faire ce cadeau. Cet événement était à la fois étrange et beau : voir maman tenir Manon dans ses bras, au-dessus de son ventre arrondi, me paraissait tellement surréaliste !

Manon était née en plein été, sous le soleil idyllique du sud de la France. Nous reprenions donc notre vie d'avant tout en étant de jeunes parents : les sorties en moto, les soirées dansantes, l'équitation pour moi, etc. En outre, j'emmenais Manon à la piscine et à la plage.

La mère de mon amie Nadège me proposa de garder Manon quand nous voulions sortir. Elle avait conscience que nous étions jeunes ; elle comprenait que nous avions besoin de nous amuser.

Elle s'appelait Dédé. Je me souviens encore de sa longue chevelure brune. Paul, son mari, avait les cheveux grisonnants. Il aimait particulièrement la chasse et la pêche.

J'étais gênée et touchée par cette proposition. J'hésitai, mais, finalement, je me suis dit : *Pourquoi pas ?* Et, un soir, je lui ai demandé si sa proposition tenait toujours.

— Je dois aller au cinéma, m'a-t-elle répondu.

Je me suis dit : *Ce n'est pas grave. Ça sera pour une prochaine fois.*

Puis, quelques minutes plus tard, j'ai reçu un appel téléphonique de Dédé.

— J'ai annulé le cinéma. J'ai vraiment envie de garder Manon. Ça me fera vraiment plaisir.

Je ne trouvais pas les mots pour lui exprimer ma sympathie.

Cela marqua le début d'une belle et touchante relation.

Nous avons ensuite déménagé, l'appartement étant devenu trop petit. La maison que nous avons trouvée à Saint-Vallier n'était pas très grande : il y avait deux chambres, dont une pour Manon, une mezzanine, une petite terrasse, mais c'était un petit refuge très mignon et agréable.

J'ai trouvé une formation rémunérée à Grasse pendant un an, une préparation à un BEP sanitaire et social. Durant cette formation, j'ai effectué des stages, d'abord auprès de jeunes enfants, en crèches, garderies, centres de loisirs, écoles maternelles, puis auprès des personnes âgées en maisons de retraite, et auprès de personnes handicapées en centres spécialisés. Les stages étaient très enrichissants. Je me sentais utile.

De son côté, Davy devenait de plus en plus distant. Il était constamment occupé par son travail et sa passion éternelle pour la moto. Il n'était pas très concerné par la vie de famille. Je m'interrogeais beaucoup sur notre relation et sur notre avenir ensemble, mais mes questions restaient toujours sans réponses.

***

Manon grandissait. Ses cheveux bouclaient de plus en plus ; elle avait le teint mat, était magnifique. Une vraie beauté. Tout le monde se retournait d'ailleurs sur son passage.

Or, dans le village, des rumeurs cruelles commençaient à circuler. Elles prétendaient que notre fille ne ressemblait pas à son père, que je l'avais sûrement trompé avec un autre et que je lui faisais croire que Manon était son enfant. Je trouvais cela d'une cruauté incroyable. Il y avait beaucoup de méchanceté dans toutes ces paroles.

J'étais blessée ; je me sentais insultée et salie. J'étais honteuse, comme une enfant ayant fait une bêtise, alors que, dans mon cœur et dans mon âme, je savais pertinemment que je n'y étais pour rien. Manon était notre enfant, notre unique fille.

Ce genre de pensées me donnait la nausée. Je ne comprenais pas qu'on puisse parler ainsi de moi. C'était une insulte à mon honneur, à mon honnêteté et à ma vie de famille. Si j'avais eu le moindre doute concernant la paternité de ma fille, j'aurais été la première à le savoir et à en informer Davy. Mais il n'y avait rien de vrai dans tout cela. Jamais je ne l'avais trompé.

Quoi qu'il en soit, il fallait que j'oublie ces paroles meurtrières qui m'atteignaient au plus profond de mon cœur, au point que parfois cela me faisait pleurer.

La série des mauvaises nouvelles se poursuivit. Des amis proches essayaient de m'avertir de certains agissements de Davy. Selon eux, il entretenait des relations extraconjugales. J'étais consternée, abasourdie. Je ne pouvais pas les croire et je me disais : *Ce sont encore des rumeurs. Ces personnes qui les colportent veulent nous détruire.*

Je ne comprenais pas et me demandais pourquoi tous ces gens nous voulaient du mal. Nous avions tout pour être heureux, mais notre bonheur semblait peu à peu s'effriter, se déliter. J'étais déboussolée, me sentant comme assommée, perdue. Je n'avais que mes yeux pour pleurer, et mon cœur ne pouvait se résoudre à une insupportable vérité.

Parallèlement, Davy a commencé à prêter une oreille aux rumeurs sur la paternité de Manon. Sans vraiment chercher une explication, il s'est mis à douter de moi. Des disputes éclataient parce que je me sentais jugée à tort.

— Comment as-tu pu me faire ça ? me demandait-il d'un ton virulent.

— Je ne t'ai jamais trompé, Davy.

— Alors, pourquoi tous ces commérages s'il n'y a pas un fond de vérité ?

— Mais je ne sais pas ! Ce sont des gens jaloux qui nous veulent du mal.

Je me sentais au bord des larmes. J'avais terriblement mal au cœur, complètement perdue et impuissante. J'avais beau avoir ma conscience pour moi, ce manque de confiance injustifié me blessait.

Davy ne voulait rien entendre, était totalement fermé. Il était impossible d'entamer le moindre dialogue. Jamais je n'aurais pensé qu'on puisse en arriver à ce genre de situation.

Mes amies, consternées par la réaction de Davy face aux fausses accusations, essayaient par tous les moyens de me faire ouvrir les yeux sur sa malhonnêteté et ses infidélités répétées.

Elles étaient scandalisées qu'il ose m'accuser de tromperie alors que, pour elles, nul doute, il me trompait sans le moindre scrupule.

— C'est un comble : il se permet de te reprocher une hypothétique infidélité alors que la sienne est réelle, ne cessaient-elles de me répéter.

J'étais perturbée par toutes ces histoires et je ne comprenais pas pourquoi le sort s'acharnait sur moi. Si Davy me trompait, alors, ma vie de famille, mon rêve se briserait en mille morceaux. Je ne savais plus comment faire, j'étais perdue.

Peu à peu, le doute s'installait aussi dans mon esprit. Davy avait des incertitudes me concernant, et vice versa. La confiance que nous avions l'un en l'autre était bel et bien morte.

Comment notre couple pouvait-il continuer à avancer ? La question me taraudait en permanence.

Mais je n'avais aucune réponse à cette question. Parfois, je l'imaginais avec une autre que moi, mais je me disais que c'était impossible. Il ne pourrait pas me faire ça – enfin, nous faire ça, à Manon et à moi.

Mon amour pour ma fille était si fort que j'espérais que ce que l'on me disait sur son père n'était pas vrai.

10

La rupture

Une rupture est comme un miroir brisé.
Il vaut mieux le laisser brisé que
de se blesser en tentant de le réparer.

Selena Gomez

Maman a épousé Rudy quelque temps après l'annonce de sa grossesse. Ce fut un grand et beau mariage. Elle était magnifique dans sa robe de mariée saumon. Je ne l'avais jamais vue aussi belle. Ils sont arrivés en voiture tandis que tous leurs amis les suivaient avec des motos anciennes. C'était une belle soirée et une émouvante cérémonie. J'étais accompagnée de Davy et je m'imaginais me marier avec lui. J'étais émue et tellement heureuse de voir ma mère nager dans le bonheur. Elle méritait amplement d'être mise à l'honneur.

Entre vie de famille et occupations diverses, le temps passait très vite.

Un jour, je me suis rendu compte que Davy fréquentait une autre fille, car il lui téléphonait régulièrement. Je n'osais malgré tout pas admettre la triste réalité, jusqu'au jour où j'ai trouvé cette fille à la maison.

Je ne pouvais plus fermer les yeux, je ne pouvais plus vivre dans une illusion. Pour être certaine de ce qui se passait, j'ai prêché le faux pour savoir le vrai en faisant croire à Davy que je l'avais surpris et que je savais toute la vérité.

— Je vous ai vus tous les deux, enlacés, lui dis-je.

Aussitôt, il m'avoua tout :

— Tu as raison. Je dois te dire la vérité : je t'ai trompée. Pas seulement avec une fille, mais avec plusieurs.

Un grand silence suivit cet aveu. J'étais incapable de réfléchir. Mais comment avait-il pu me faire ça – *nous* faire ça ? C'était ignoble, monstrueux.

J'étais choquée ; ma famille éclatait en lambeaux. Jamais plus je ne pourrais accorder ma confiance à Davy. J'étais en colère, me sentant trahie, salie, abusée et humiliée. L'amour se transformait en haine, je ne voulais plus le voir, c'était trop douloureux.

Je ne pouvais plus m'arrêter de pleurer, et la seule solution était de partir, car la situation était insoutenable. Une telle décision était difficile à prendre, mais je ne pouvais vraiment pas rester avec un homme infidèle.

Je déménageai alors avec Manon et Christelle, une très bonne amie, dans un appartement au centre du village de Saint-Vallier.

Davy vivait mal notre séparation ; il en était de même pour moi. Mais comment pouvais-je lui refaire confiance ? Il passait souvent me voir pour essayer de me convaincre de revenir.

— Pardonne mes erreurs. Je suis désolé. Je regrette

vraiment. Je t'aime tellement. Jamais plus je ne le referai, me disait-il.

J'avais du mal à le croire, mais je l'aimais toujours très fort. J'essayais de m'interdire de retomber dans ses bras.

Un soir, Christelle n'était pas là et j'ai permis à Davy de revenir pour discuter et essayer de remettre les choses à plat. Ses mots, pleins d'émotion, étaient tellement convaincants, il semblait tellement sincère que je me suis laissé tenter : *Nous pouvons tous faire des erreurs ; il mérite peut-être que je lui pardonne.* Nous nous aimions et c'était le principal. Je lui ai proposé alors de passer le week-end ensemble, et là, il m'a répondu d'un air désolé :

— Je ne peux pas, car je dois partir avec des amis. Je me suis engagé et il m'est impossible de faire autrement.

Je comprenais la situation sans lui en vouloir ; je le sentais honnête. J'étais tellement touchée par sa gentillesse et sa sincérité que je me suis blottie dans ses bras. Quelques caresses, puis, nous nous sommes embrassés tendrement. Il m'avait terriblement manqué. Je ne pouvais pas ne pas me battre pour notre histoire et notre famille.

Je me souviens encore de la chaleur tendre de son baiser, agréable souvenir qui hante encore mon esprit. La situation semblait enfin s'arranger.

Nous sommes montés dans la chambre et nous avons fait l'amour intensément, passionnément, comme au premier jour. J'avais l'impression de redevenir une adolescente jeune et belle. Au matin, Davy est parti enchanté. J'étais troublée ; je voulais retourner vivre avec lui, mais j'avais peur de souffrir à nouveau.

Je me disais : *C'est un mauvais moment à passer. Le meilleur reste à venir.*

Ma décision était prise : à son retour, je lui annoncerais que Manon et moi reviendrions vivre avec lui pour reformer notre famille.

Mais la vie réserve parfois bien des surprises. Une amie, passée prendre un café à la maison, m'apprit que Davy était parti avec ses amis retrouver cette fille avec laquelle il m'avait trompée.

Ce fut un véritable choc pour moi. Je me suis sentie manipulée, plus qu'abusée. Davy manquait-il à ce point de conscience et d'honnêteté ? Je découvrais une facette de sa personnalité que je n'aurais jamais soupçonnée.

Notre histoire était bel et bien terminée. Aucun retour en arrière n'était possible ; le mal était fait.

C'était la fin de notre histoire d'amour.

11

Vers une nouvelle vie

Tous les changements, même
les plus souhaités, ont leur mélancolie.
Anatole France

Christelle était agréable et gentille. Nous avions beaucoup de points communs et de complicité. Elle était cavalière et possédait sa propre jument. Mon père, à cette époque, m'avait également offert une petite jument grise, gentille et calme. Peut-être un peu trop à mon goût. Elle n'avançait pas du tout. Je l'avais d'ailleurs baptisée « Orangina » parce qu'en plaisantant, nous disions : « Orangina, secoue…, secoue-moi. »

De son côté, Davy vivait mal la situation et venait régulièrement me surveiller. Il ne supportait pas que je le rejette et devenait parfois agressif et menaçant. Je me sentais harcelée constamment. Il menaçait même mon amie Christelle, la tenant pour responsable de notre séparation. La vie devint alors un enfer.

Un soir, j'ai dû emprunter quelques couches à une copine qui s'empressa de le répéter à Davy. Le lendemain soir, quelqu'un frappa à la porte. C'était Davy, qui me jeta un paquet de couches à la tête en me traitant de mauvaise mère.

Une dispute éclata. J'étais encore blessée de le voir remettre en cause mes qualités de mère. Je l'ai mis à la porte, non sans mal. Mon cœur battait au rythme d'une batterie déchaînée. Je ne savais plus comment gérer Davy, dont la jalousie et la possessivité devenaient difficilement supportables.

Dans le village, notre séparation n'avait fait qu'alimenter les ragots : il y avait encore plus de rumeurs prétendant que j'avais trompé Davy et que Manon n'était pas de lui. Cette situation devenait insoutenable.

Comment faire taire ce genre de ragots ? C'était si facile pour les gens de parler. Il m'était impossible de prouver qu'ils mentaient. Je lisais régulièrement, pour me mettre du baume au cœur, la citation de Gayle Forman : *Tous ceux qui savent ce qui s'est vraiment passé à ce moment-là ne parlent pas. Les rumeurs, même justifiées, sont comme les flammes : privées d'oxygène, elles s'éteignent d'elles-mêmes*.

Un jour, alors que je vivais encore à Saint-Vallier, j'ai rencontré un beau jeune homme qui m'a invitée à prendre un verre. Je suis allée au rendez-vous. En sortant de la brasserie, j'ai croisé Davy qui s'est précipité vers le jeune homme et a commencé à le frapper.

Ce fut l'élément déclencheur pour moi : Fred, un ami cavalier, maréchal-ferrant, nous proposa, à Christelle et à moi, de venir vivre chez lui. Il habitait une maison à la campagne, à La Roquette-sur-Siagne. Devant la maison, il y avait un grand terrain bordé par une rivière avec des parcs pour les chevaux. C'était beau, agréable et apaisant.

Christelle et moi acceptâmes la proposition. Fred avait sa chambre, Manon, la sienne, et Christelle et moi avions la nôtre également. Le soir, nous étions entre amies, et le week-end, Manon allait chez Dédé (qu'elle appelait tatie) et Paul (qu'elle appelait tonton).

Parfois, elle allait aussi chez son père. Mais Davy se désintéressait de Manon. Il faisait surtout une fixation sur moi. Il continuait à me surveiller, car son ego ne supportait pas la situation.

Chez mon ami, je reprenais ma vie en main, retrouvant un nouveau souffle. J'avais un emploi dans un supermarché à Grasse comme vendeuse en charcuterie. Le week-end, je sortais quand Manon était chez sa tatie et j'allais danser. Cela me faisait un bien fou : le temps d'une soirée, je pouvais respirer pleinement et penser à autre chose.

En février 1995, en pleine ère du Verseau, maman accoucha d'un garçon, Thomas. C'était un véritable émerveillement de voir ce petit être. L'émotion était grande. Manon venait d'avoir un nouveau tonton… plus jeune qu'elle de quelques mois. Bien sûr, Maman était heureuse, et puis, elle savait aussi que c'était son dernier accouchement.

***

Un an et demi après la séparation, un soir, un ami de Christelle que je ne connaissais pas est venu lui rendre visite. Il était grand, il avait les cheveux châtain clair et les yeux bleus. Il portait un blouson de cuir noir et s'appelait Joe. C'était un bel homme, très charismatique.

Nous avons fait connaissance ; le courant passait bien. Sentant qu'il y avait une attirance réciproque, Christelle me demanda de faire attention. J'appréciais qu'elle se soucie de moi.

Le lendemain, Joe est revenu. Peut-être était-ce pour moi ? Nous avons encore passé une belle soirée. Derrière ses airs de gros dur se cachait un grand cœur tendre. Je me sentais en sécurité en sa présence.

Un soir, nous nous sommes isolés. Nous avions envie et besoin d'être seuls, en tête-à-tête. Nous faisions connaissance ; nous semblions si complémentaires. Il était très gentil avec Manon. Il jouait avec elle, et Manon l'appréciait.

Un après-midi, Joe est venu me chercher pour aller faire une balade. J'étais ravie de passer du temps avec cet homme attentionné et galant. Il avait sept ans de plus que moi. Sa maturité me rassurait.

Nous sommes restés une heure à la maison pour prendre un café. Avant de partir, il m'a prise dans ses bras et m'a embrassée tendrement. Nous avons pris sa voiture, et il m'a ouvert la portière comme un gentleman avant de s'asseoir à son tour. Et là, surprise. Joe me demanda :

— Où est mon poste radio de voiture ?

— Peut-être l'as-tu enlevé et mis sous ton siège ? ai-je répondu.

Il n'était nulle part, introuvable. Je me suis dit : *Peut-être nos amis nous ont-ils fait une blague ?* Mais personne n'était au courant. C'était un mystère. Nous nous sommes fait une raison : quelqu'un avait dû le voler.

Le soir même, nous avons fait l'amour. Pour moi, c'était étrange de changer de partenaire. J'avais peur d'être inexpérimentée, qu'il se lasse. Cependant, j'ai très vite repris confiance. La chaleur de sa peau contre la mienne me remplissait de bonheur. Le plaisir était si intense et si parfait...

Le week-end suivant, je devais emmener Manon chez Davy. La situation était très tendue. Je devais ignorer ses attaques et ses piques constantes.

Il fallait qu'il prenne un peu sa fille, car il était trop distant avec elle. Manon en souffrait et le réclamait. Ma fille ne comprenait pas, et moi non plus. J'ai déposé Manon devant chez lui et je l'ai embrassée en lui disant :

— Sois sage avec ton papa et profite bien de ton week-end avec lui.

Manon m'a renvoyé un large sourire.

J'étais sur le départ, mais Davy m'interpella :

— Passe le bonjour à Joe.

Je fus surprise, car je n'avais encore parlé de Joe à personne. Je ne répondis pas à ses provocations, mais il ajouta :

— Tu peux lui dire que, s'il cherche un poste, j'en ai un à vendre.

Je fus choquée. *Mon Dieu, c'est Davy qui a volé le poste de Joe dans sa voiture !*

J'étais en colère, lassée de ce harcèlement qui durait depuis un an et demi. Je n'en pouvais plus de son immaturité et de ce manque de respect incessant. J'étais aussi mal à l'aise pour Joe. Je craignais qu'il me quitte pour ne pas avoir d'histoires avec mon ex.

Joe avait accepté Manon. Il était vraiment gentil avec elle. Lui-même avait un fils, Ange, âgé de deux ans, un an de moins que Manon. J'avais peur que la situation ne devienne un peu trop compliquée pour lui et que cela ne le fasse fuir. J'en voulais d'autant plus à Davy.

Le soir, Joe m'a rejointe. Je ne pouvais lui cacher ce que je venais d'apprendre. Je me devais d'être honnête avec lui. Cela l'a fait sourire. Étrangement, il n'était pas énervé. Je ne savais pas à quoi m'attendre. Il m'a prise dans ses bras rassurants et m'a embrassée. J'étais soulagée. Il semblait si fort et si courageux. Il n'était pas du tout impressionné par Davy.

Le dimanche, nous sommes montés ensemble à Saint-Vallier chercher Manon. Elle était toute souriante, toute contente. J'étais ravie de la récupérer. Surpris, Davy vit Joe s'approcher de lui. J'ai alors craint le pire. Tous les deux sont partis à pied un certain temps. Connaissant Davy, je m'imaginais des tas de scénarios inquiétants. Un quart d'heure plus tard, Joe revenait seul. Il avait récupéré son poste de radio.

Je voulais savoir ce qui s'était passé, mais, soucieuse de préserver Manon, j'attendis que nous soyons seuls pour le lui demander. Je me sentais bien, comme délivrée et protégée par cet homme.

Joe m'a alors raconté que Davy nous avait surpris en train de nous embrasser et que ça l'avait beaucoup énervé. Il avait voulu se venger en prenant son poste de radio. Joe lui a dit qu'il était maintenant avec moi et que, désormais, il devait rester à sa place. Il lui a demandé de lui rendre son poste, et Davy a tout simplement obtempéré.

***

Quelque temps plus tard, Fred m'annonça qu'il partait en Guyane pour un temps indéterminé. Il voulait essayer de faire sa vie là-bas, trouver du travail en tant que maréchal-ferrant. Christelle devait aussi l'accompagner.

Je dus donc prendre mes dispositions pour trouver un nouveau logement. J'étais contente pour eux, mais je me demandais où j'allais vivre. J'en avais parlé à Christelle. Je lui avais dit que j'étais triste de son départ, mais heureuse qu'elle puisse vivre cette expérience. Ils m'ont proposé de partir avec eux, mais partir si loin avec Manon, dans ces conditions, aurait été déraisonnable.

Joe et moi décidâmes de louer un petit appartement ensemble. J'étais heureuse de partager ma vie avec lui et de prendre un nouveau départ. Malheureusement, Joe avait tendance à boire, mais je ne voyais pas le mal. *Si cela l'aide à se détendre et qu'il y prend du plaisir, pourquoi pas ?* pensais-je. Mais, un soir, alors qu'il était très énervé, il commença à me parler violemment. Je lui ai dit de ne pas me traiter ainsi. Aussitôt, il est devenu agressif et m'a bousculée. Je ne le reconnaissais plus ; il était complètement différent. Je n'ai pas accepté la situation et je suis partie.

Je n'avais pas d'autre choix que de retourner chez maman et Rudy. J'étais triste de cette séparation, mais la violence était inacceptable. Je devais nous protéger, Manon et moi.

Maman était heureuse de nous accueillir, et moi, ravie de retrouver Nelly et Laurent. Bien sûr, cette situation me rendait triste, car j'aimais toujours Joe. La séparation fut difficile, mais la raison passait avant le cœur.

J'avais du mal à prendre mes repères et à retrouver ma place dans la famille. Rudy voulait aussi que je respecte des règles de vie : couvre-feu à vingt-deux heures comme mes frères et ma sœur. Mais, pour moi, il était impossible d'accepter ces contraintes. Je n'étais plus une enfant et je tenais à mon indépendance. La situation était tendue, et j'étais mal à l'aise.

Les semaines ont passé. Christelle était revenue de Guyane, car elle venait de perdre sa mère qui était très malade. J'étais très éprouvée pour elle et je l'ai soutenue comme je l'ai pu. J'étais si attristée de la voir souffrir et de ne pouvoir rien faire pour la soulager. Elle ne savait pas où aller. Elle pouvait s'installer chez son père, mais n'en avait pas vraiment envie.

Quant à moi, je ne voulais pas rester chez mes parents. Nous avons donc décidé de prendre à nouveau un logement ensemble. Cela nous faisait chaud au cœur de nous retrouver.

Nous avons emménagé dans un petit appartement dans un village varois. Entre-temps, mon contrat de travail au supermarché était terminé, mais je n'avais pas travaillé assez longtemps et je n'avais donc pas droit au chômage. Je me suis retrouvée au RSA. Le changement de département avait amené beaucoup de complications, car l'Administration avait perdu pas mal de documents importants et, malgré l'aide de l'assistante sociale, la situation ne s'arrangeait pas. Comme je n'avais aucune rentrée d'argent, je me suis retrouvée à ne plus pouvoir payer le loyer. Malgré les explications de l'assistante sociale, qui demanda à la propriétaire de patienter et qui lui garantissait qu'elle allait obtenir la somme couvrant les retards, que cela était indépendant de ma volonté, une procédure d'expulsion fut tout de même entamée.

Dans cet appartement, le chauffe-eau était tombé en panne. Nous n'avions donc plus d'eau chaude. Une fois de plus, la propriétaire ne voulut rien entendre : pas de paiement, pas de réparation. On chauffait l'eau dans des grosses casseroles. C'était vraiment contraignant et fatigant. Je me retrouvais comme au temps de mes grands-parents.

J'étais, le moins qu'on puisse dire, assez éprouvée, fatiguée et vraiment dépassée.

Manon allait toujours chez sa tatie les week-ends. C'était fusionnel entre eux. Tatie l'aimait comme sa petite-fille et la gâtait énormément, au point que j'en étais très touchée.

Dédé et Paul compensaient l'absence de Davy, qui l'accueillait de moins en moins souvent. Il lui disait qu'il allait venir la chercher le week-end, mais il se décommandait ou ne se présentait tout simplement pas. Lorsque cela se produisait, c'était très dur pour moi de voir Manon comme ça, déçue et triste. Elle ne comprenait pas pourquoi son père lui mentait. J'en voulais à Davy de lui faire du mal. Manon était innocente et n'avait pas à payer pour moi ou à subir ses humeurs.

Par ailleurs, Joe revenait dans ma vie. Il était plein de regrets, voulait se faire pardonner et prendre un nouveau départ. Il semblait sincère. Je ressentais son amour et je n'avais pas réussi à l'oublier. Nous reprîmes donc notre relation.

Quelques mois plus tard, malgré notre prudence, je suis tombée enceinte. J'étais inquiète de notre situation, mais heureuse de la nouvelle malgré tout. Joe était content et se faisait rassurant :

— Ne t'inquiète pas. Je suis là et je ferai tout pour que nous soyons bien.

Entre-temps, je reçus la convocation au tribunal pour le logement et, malgré les circonstances, le juge ordonna l'expulsion. Nous devions partir d'urgence.

Au même moment, la situation s'était débloquée et la propriétaire avait reçu le règlement des retards, mais je n'avais pas le choix, je devais partir. J'avais la conscience en paix : la propriétaire était remboursée, je n'avais pas de dettes.

Nous avons déménagé dans un tout petit appartement au cœur d'un joli village de montagnes, dans l'arrière-pays grassois, où les loyers étaient plus modérés. Mais cela n'était que provisoire, le temps pour nous de trouver un autre lieu plus adapté.

Les tensions dues au déménagement me rendaient émotive. Joe buvait toujours, mais sans réelle conséquence.

Un jour, mon émotivité l'a irrité ; il s'est énervé et m'a rudoyée à nouveau. J'étais surprise qu'il m'attaque alors que j'étais enceinte. Je me suis sentie coincée. Je ne pouvais pas le quitter, car je l'aimais et j'attendais son enfant. Il s'est immédiatement excusé, me faisant sentir qu'il s'en voulait sincèrement. Je lui ai pardonné.

L'appartement était vraiment exigu. Il se trouvait au premier étage d'un petit immeuble au-dessus d'une épicerie appelée Chez Sophie. Le nom figurait sur une grande pancarte. Cela nous faisait rire. C'était un petit village agréable avec des prés s'étendant à perte de vue et où je m'imaginais galoper sur mon cheval.

***

Manon entra à l'école maternelle d'un village voisin. Elle était motivée et impatiente. Je craignais qu'elle pleure comme beaucoup d'enfants, mais, à ma grande surprise, ce fut tout le contraire. Il n'y eut aucune larme, que de grands sourires. Elle m'a dit d'une manière très sereine :

— À ce soir, maman.

Elle était si mignonne, avec son cartable, et si enthousiaste.

En fin d'après-midi, j'ai vu sa maîtresse. J'étais à la fois inquiète et impatiente de savoir comment sa première journée s'était déroulée.

— Très bien. J'ai été surprise par l'assurance et la motivation de Manon. Elle a aidé les enfants à se chausser et à mettre leurs manteaux, comme une vraie petite maman.

Cette nouvelle réjouissait mon cœur de jeune mère. J'étais contente de l'attitude de ma fille.

Je cherchais activement une maison. J'avais envie d'un espace de vie plus grand et d'un jardin pour Manon, Ange et le bébé à venir. La famille s'agrandissait.

Depuis le début de ma grossesse, j'avais peu grossi. Presque à terme, je me rendis à Grasse, à mon dernier rendez-vous chez le gynécologue.

Le médecin mesura mon ventre. S'inquiétant d'un éventuel retard de croissance, il décida de déclencher mon accouchement et fixa une date. J'étais un peu effrayée par cette nouvelle qui ne me semblait pas du tout rassurante.

En rentrant, je me souviens d'avoir expliqué la situation à Joe. J'étais inquiète, mais il tâcha de m'apaiser :

— Ce n'est que de la prévention. Il ne faut pas que tu t'inquiètes.

Quelques jours plus tard, j'entrai à la maternité. On me fit une injection pour le déclenchement. Ce fut une attente interminable avec des douleurs intenses. C'était vraiment différent de la première fois. Je pleurais inlassablement. La sage-femme me dit :

— Ne soyez pas triste, vous allez avoir un bébé.

— Je ne suis pas triste, j'ai trop mal ! lui répondis-je, énervée.

Enfin, après la péridurale, ce fut le soulagement. L'accouchement se déroula sans problème, et je mis au monde une petite fille de trois kilos que nous avons appelée Laura.

Nous étions le 13 août 1998. Quand je l'ai tenue dans mes bras, j'étais la femme la plus heureuse du monde. J'avais le même bonheur et la même joie que lorsque Manon est née.

La lumière éclairait une deuxième fois ma vie. J'avais maintenant deux enfants qui me comblaient de mille bonheurs.

L'après-accouchement fut plus difficile, car j'avais des contractions et je ne comprenais pas pourquoi. Inquiète, j'en ai informé la sage-femme.

— C'est normal pour un deuxième enfant. Plus on a d'enfants et plus les contractions après sont intenses, m'expliqua-t-elle.

J'étais surprise, car je n'avais jamais entendu parler de cela.

Joe avait assisté avec beaucoup de sang-froid à l'accouchement. Toute la famille me rendait visite, j'étais fière de leur présenter Laura.

Je pus rentrer rapidement à la maison, heureuse que j'étais de ramener ma petite merveille pour lui faire rencontrer sa sœur et son demi-frère.

Je sentais que Joe était préoccupé. Il buvait de plus en plus. J'étais fatiguée, amaigrie et à fleur de peau. Un jour, la tension est montée entre nous, car je ne comprenais pas ses tourments alors qu'il venait de devenir papa. Il aurait dû être heureux. Mais non, c'était tout le contraire : il était devenu agressif et même violent. J'étais désemparée, bouleversée et blessée au plus profond de mon cœur.

Il s'est absenté toute la journée. À son retour, il s'est excusé ; il pleurait et s'en voulait. J'étais en proie au doute. Mais nous venions d'avoir un bébé ; je l'aimais, je ne pouvais pas prendre la décision de le quitter. Je n'en avais tout simplement pas le courage.

Joe m'avait fait des promesses : je voulais le croire et je l'ai cru. Je voulais aussi me battre pour notre famille et pour notre amour. Je me devais d'essayer de comprendre ses souffrances, son mal-être, et il me fallait essayer de le sortir de cette dépendance à l'alcool.

Je tâchai de trouver un emploi. J'étais allée me présenter dans un centre de randonnée équestre qui s'appelait

Le Domaine de Clars. Là-bas, j'ai fait la rencontre de Jean-François, le propriétaire. Il était aussi accompagnateur. Il m'a embauchée comme palefrenier.

C'était une belle et bonne expérience d'apprendre à m'occuper des chevaux : les nourrir, les soigner, les nettoyer et aussi entretenir les écuries. Je n'avais aucune expérience de ce type de travail, car je n'avais fait jusque-là que monter à cheval. Je faisais aussi des balades. Jamais je n'aurais imaginé faire de ma passion mon gagne-pain.

Jean-François me faisait prendre conscience de mes compétences et de mes qualités pour ce métier. Il était gentil, travailleur et ambitieux. Il m'a initiée à l'accompagnement des randonnées et m'a encouragée à passer mon diplôme d'accompagnateur de tourisme équestre.

Je m'épanouissais dans ce travail et j'étais heureuse de me lever pour entreprendre ma journée. C'était aussi un plaisir de pouvoir emmener Manon : elle montait sur chaque cheval que j'allais chercher. Elle était douée et avait un bon équilibre.

Le domaine était magnifique avec ses neuf hectares de forêts de pins, de clairières. Pour moi, c'était le rêve, un vrai paradis sur terre.

À cette époque, j'avais adopté une chienne, un labrador sable, âgé de six mois que j'avais appelé Hope.

Au début, Hope était très craintive, mais je l'emmenais partout. Elle était devenue ma meilleure amie. C'était une relation fusionnelle. Elle aimait les chevaux et m'accompagnait dans toutes les balades.

À la maison, tout se passait bien avec les enfants, mais ma relation avec Joe se dégradait. L'alcool le rendait agressif ; j'étais vraiment impuissante ; la situation n'était plus vivable. Cette fois, je n'avais plus du tout le choix : je devais rompre avec regret. Il quitta alors la maison.

J'étais triste, mais le travail m'occupait l'esprit. Je ne pouvais de toute façon pas accepter cette violence, ni pour moi ni pour les enfants.

La vie reprit, mais cette fois sans Joe. Je me retrouvais donc célibataire avec Manon et Laura.

12

Si, maman, si

On est si petit, le monde est si grand.
Que serait la vie, sans notre maman.

Mick Micheyl

Après une année de travail au centre de randonnée équestre, Jean-François m'annonça qu'il allait vendre le domaine pour partir vivre à Madagascar. J'étais très surprise, mais surtout déçue de cette nouvelle. *Toutes les bonnes choses ont une fin*, me disais-je. Jean-François et moi, nous étions très complémentaires et sur la même longueur d'onde.

C'était un homme séduisant, plus âgé que moi, mais, malgré cette différence d'âge, il y avait eu un rapprochement entre nous.

Il m'avait alors proposé de partir vivre avec lui et avec mes enfants à Madagascar, mais, avant, il me proposait d'y venir quinze jours pour me faire une opinion. L'idée ne me déplaisait pas. Dans ses bras, je me sentais bien ; nous étions vraiment en harmonie.

Je voyais aussi souvent ma mère, et je m'apercevais qu'elle avait une voix étrange, comme si elle était enrouée. Je m'inquiétais.

— Mais qu'est-ce que tu as ? Tu as une voix bizarre, lui disais-je.

— Je sais. Je dois faire des analyses de sang.

Quelque temps plus tard, ce fut la stupéfaction : les médecins lui apprirent qu'elle avait un cancer. Le choc fut brutal.

— Ne t'inquiète surtout pas, Sophie. Tout va bien se passer. Les médecins sont confiants. Je vais guérir, c'est sûr ! me dit-elle, peut-être pour me rassurer.

Elle commença des traitements. Je la voyais maigrir de jour en jour, et sa vitalité semblait fondre. Elle devenait fragile, mais, en même temps, elle était courageuse, battante et gardait espoir.

J'avais mal pour elle ; je souffrais de la voir souffrir. C'était injuste. J'aurais aimé pouvoir l'aider ou prendre son mal. Elle avait enfin tout pour être heureuse : un merveilleux mari, un bébé, une belle maison, son magasin… Tout ce dont elle avait toujours rêvé. Une maman si dévouée et aimante… Comment la vie pouvait-elle être aussi cruelle et la faire autant souffrir ? Mais ma mère allait guérir ; les choses ne pouvaient pas en être autrement. Il m'était impossible d'imaginer que la maladie pourrait prendre le dessus.

Au centre équestre, la saison riche d'expérience et de bien-être se terminait. Jean-François avait vendu ; son départ approchait. J'étais déçue, car j'aurais tellement aimé que cela ne s'arrête jamais.

Jean-François est donc parti à Madagascar, où je l'ai rejoint un mois après, en octobre 1999. Pendant ce temps, Manon était chez sa tatie et s'y plaisait, comme toujours. Laura, quant à elle, était chez mon amie Ève. J'étais excitée par cet incroyable voyage et surtout à l'idée de rejoindre Jean-François, car je ne m'habituais pas à son absence. Il me manquait, et je ressentais un immense vide que je n'arrivais pas à combler.

Le vol dura onze heures. Ce fut interminable. À l'arrivée, en sortant de l'avion, je sentis aussitôt l'odeur de l'air chaud et un total dépaysement.

J'étais heureuse de revoir Jean-François, mais je sentais le contexte complètement différent. La relation et les sentiments étaient divergents. Je venais de comprendre que je ne pouvais pas poursuivre une histoire sentimentale avec lui. Venir vivre à Madagascar n'était pas envisageable.

En toute honnêteté, je lui ai expliqué mon point de vue. Jean-François était un homme intelligent et il a très bien compris la situation. Il respectait mon choix. Malgré tout, il souhaitait que je reste afin de profiter du séjour au maximum.

J'étais très touchée par sa réaction, par cet amour profond qu'il éprouvait pour moi. Il était attentionné, protecteur, rassurant. Il m'avait fait prendre conscience de mes capacités, de mes compétences et de qualités que je ne croyais pas posséder.

Il m'avait apporté beaucoup de confiance et surtout avait fait naître en moi une véritable vocation pour le métier d'accompagnateur de tourisme équestre. Je lui en étais reconnaissante et je le suis encore aujourd'hui.

Ce voyage fut merveilleux, ressourçant, enrichissant, mais je n'arrêtais pas de penser à ma mère malade qui souffrait. Je m'inquiétais, espérant qu'à mon retour, elle irait mieux.

Je suis rentrée de ce voyage avec des images plein la tête et surtout avec une conscience différente dc la vie. En ayant côtoyé la misère, la pauvreté, les conditions de vie des habitants qui, malgré tout, gardaient le sourire et surtout avaient beaucoup de générosité, j'avais pris conscience de ma chance. Je me disais que m'apitoyer sur ma vie était vraiment déplacé.

De retour en France, je fus heureuse de serrer dans mes bras ma petite Manon, qui avait bien grandi, et ma belle Laura.

Lorsque je revis maman, ce fut un choc. Elle était encore plus affaiblie et plus amaigrie qu'avant mon départ. Elle souffrait terriblement de douleurs au dos. Je croyais toujours que son état allait s'arranger, qu'elle irait mieux.

Le 7 novembre 1999, je fêtai mon vingt-quatrième anniversaire. Maman m'avait offert une paire de chaussures dont je rêvais. Malgré son état et ses souffrances, elle se donnait la peine de s'occuper de moi et avait mille et une petites attentions. Mais le seul et unique cadeau dont j'avais besoin, c'était sa guérison.

Deux jours après mon anniversaire, elle tomba dans un semi-coma et fut hospitalisée. C'était une véritable torture de la voir allongée et ne respirant qu'avec beaucoup de difficultés. Les images que je garde sont horribles. Jamais je n'aurais imaginé voir ma mère dans un tel état.

Quand elle se réveilla, elle se plaignit de douleurs. Je me rappelle lui avoir massé les jambes avec une crème pour la soulager.

Mais je me sentais tellement impuissante ! Je ne savais pas quoi faire. Ce jour-là, avant de partir, nous l'avons laissée s'endormir.

J'étais rentrée à la maison, prête à retourner la voir le lendemain. Le soir, j'étais à table quand le téléphone sonna. C'était Rudy. Il me dit avec difficulté :

— Sophie…, euh…, j'ai une mauvaise nouvelle : ta maman vient de décéder.

Le silence me glaça. Je me suis levée et j'ai vomi. Ma tristesse était infinie. C'était un cauchemar et une immense douleur. Je ne pouvais pas m'arrêter de pleurer. J'aurais voulu prendre sa place ; j'éprouvais un sentiment d'injustice.

Elle n'avait que quarante ans. J'étais effondrée et pas du tout prête à cela. On venait de me prendre l'être le plus cher : ma maman.

Le lendemain, je suis allée la voir. Avant d'entrer dans la chambre mortuaire, mon cœur battait la chamade. Puis, je l'ai vue : elle était allongée, inanimée, endormie pour l'éternité.

Je me suis approchée ; son teint était pâle. Je l'ai touchée. Elle était froide. Tout cela me tétanisait, mais je l'embrassai quand même. S'ajoutaient à ma souffrance mes pensées pour mon petit frère Thomas, qui allait grandir sans sa maman ; puis, aussi, pour Manon qui adorait sa Nanou ; pour Nelly et Laurent qui souffraient autant que moi ; pour Rudy qui venait de perdre la femme de sa vie et la mère de son enfant. Je me sentais révoltée. La vie perdait tout son sens.

L'incinération fut le pire jour de ma vie. Nous étions tous dans les bras de Rudy. Les jours qui suivirent n'avaient plus de saveur. Je n'avais plus le goût de vivre.

Avec le temps, bien sûr, j'ai repris le dessus. Et puis, il y avait Manon et Laura. Je me devais de me battre pour elles. Elles avaient besoin de moi, de me voir heureuse.

13

Une histoire d'ADN

Le bonheur est parfois
caché dans l'inconnu.

Victor Hugo

J'avais besoin de changement, car je ne me sentais plus très bien là où je vivais. J'ai donc déménagé avec les enfants dans un hameau plein de charme avec une vue magnifique.

J'ai rencontré une jeune fille, Maéva, qui cherchait un cheval. Nous avons très rapidement sympathisé. Je l'ai amenée chez moi parce que j'avais des chevaux à proposer en demi-pension. À ce moment-là, nous avons eu l'occasion de faire plus amplement connaissance. Mon père m'avait dit, dix-sept ans auparavant, qu'il avait eu un enfant avec une autre femme que maman et que cette petite fille s'appelait Maéva. Il m'avait donné quelques détails sur elle. Je savais aussi qu'il ne s'était jamais occupé de cette fille parce que son ex-compagne avait refait sa vie avec un autre homme, et mon père n'avait pas donné suite à sa paternité.

Je m'entendais bien avec Maéva, et, très vite, elle me raconta un peu sa vie. Soudain, les détails étaient si précis, qu'il n'y avait aucun doute : je me suis aperçue, aussi bizarre que cela puisse paraître, que j'étais en face de ma demi-sœur. Elle non plus ne savait pas qui j'étais et, quand je le lui ai révélé, nous sommes tombées dans les bras l'une de l'autre.

Parfois, la vie réserve bien des surprises, et celle-ci était plutôt agréable.

J'avais une belle maison, c'était le rêve. J'étais heureuse de pouvoir offrir cette qualité de vie à mes filles. J'envisageais de créer une petite structure équestre sur mon terrain. Mais, comme je n'avais pas de budget de départ, j'ai dû récupérer du matériel à droite et à gauche. J'ai recueilli des chevaux et des poneys souvent maltraités ou en mauvaise santé. À force de travail, de patience, de passion et de motivation, j'ai pu créer un petit centre de randonnées.

Il y avait les enfants du village, et d'autres qui venaient du centre équestre où j'étais auparavant. L'activité se développait bien.

Dans ce hameau, parmi les jeunes, j'ai rencontré Olivier. Il était mignon, gentil, discret et passionné de motos. J'ai eu un vrai coup de cœur pour ce garçon. Il avait dix ans de moins que moi, mais je n'avais que vingt-sept ans. Cela ne faisait pas de moi une cougar pour autant ! Malgré son jeune âge, il faisait preuve d'une maturité que je n'avais pas vue chez des hommes plus âgés.

De temps en temps, Olivier venait dormir à la maison avec des amies. Manon l'aimait bien. Il était très gentil avec les enfants. Cela leur faisait du bien de voir un garçon aussi plaisant et attentionné. Davy et Joe n'étant pas là pour mes filles, j'étais sensible à cette douce présence.

Je me suis alors beaucoup rapprochée d'Olivier, et une histoire d'amour est née entre nous. Nous avions une grande complicité. Il m'aidait à m'occuper des chevaux, venait avec nous en balade, nous passions des soirées ensemble. Nous vivions des instants heureux, simplement et sereinement.

Un jour, j'ai reçu une lettre du tribunal et j'ai découvert avec stupeur une demande de test ADN en vue d'une contestation de paternité de la part de Davy. J'étais choquée et à la fois intriguée par ce qui pouvait motiver cette demande.

En effet, Davy ne faisait plus partie de la vie de Manon depuis de nombreuses années. Je me sentais offensée par cette démarche qui laissait entendre que je lui avais été infidèle. Il était pourtant très mal placé pour lancer de telles accusations. C'était le comble de l'hypocrisie. Comme je voulais en savoir plus, je l'ai contacté directement par téléphone.

— Je viens de recevoir la demande de test ADN. Pourquoi fais-tu ça ?

— Parce que, si je ne suis pas le père de Manon, je n'aurai plus à te verser de pension alimentaire, m'a-t-il dit sur un ton désinvolte.

Effectivement, même absent de la vie de Manon, la loi l'obligeait à assumer financièrement ses responsabilités de père. J'étais scandalisée de voir que sa démarche n'avait pour but qu'une sombre histoire d'argent. Je n'en revenais pas.

Mais comment peut-il faire ça à sa fille ?

J'essayai de le comprendre, mais en vain. Je lui en voulais, mais, en même temps, je me disais qu'avec la preuve ADN, il verrait que je ne lui avais jamais menti, qu'il pourrait s'occuper enfin de Manon, sa fille. Aussi, avec la preuve ADN, je pourrais obtenir éventuellement des excuses de sa part pour des soupçons injustifiés, insultants et même déplacés ; et aussi pour avoir abandonné Manon, pour lui avoir fait du mal sans raison valable.

Manon réclamait souvent son papa et me demandait :

— Pourquoi ne veut-il pas me voir ?

Je m'efforçais de lui expliquer la vérité le plus simplement possible, avec honnêteté et sans parler de mes sentiments envers lui. Cela devait rester entre Davy et moi ; je respectais l'amour qu'elle lui portait.

— Ton papa pense que je lui ai menti et que tu n'es pas sa vraie fille, lui disais-je. C'est pour cela qu'il ne s'occupe pas de toi. Mais il se trompe, car tu es sa fille. Je ne lui ai jamais menti, et à toi je ne mentirais jamais. Il demande une prise de sang pour savoir qui est vraiment ton papa. Pour toi comme pour moi, c'est le moyen de prouver qu'il s'est trompé, et j'espère qu'ensuite il s'occupera de toi.

Manon, qui était alors âgée de huit ans, comprenait. Cette histoire lui donnait un nouvel espoir de revoir et de retrouver son papa dans sa vie. Elle se disait : *Bientôt, papa va revenir, car le test ADN prouvera qu'il est mon père.*

J'aurais bien aimé que les choses soient aussi simples.

Davy exprimait ses doutes sur sa paternité, mais je connaissais ses réelles motivations : comme il n'avait jamais eu la fibre paternelle, il n'avait pas spécialement envie de s'occuper d'un enfant ; ce n'était pas quelqu'un de responsable. Là, il avait trouvé une bonne excuse grâce aux rumeurs qui couraient à cette époque. Cela lui avait donné un motif. Sans compter, bien entendu, cette histoire de pension alimentaire dont il espérait bien se débarrasser.

Par la suite, j'ai appris aussi que la nouvelle femme de Davy le poussait à faire cette demande de test ADN, car elle avait besoin de connaître la vérité. Si le test prouvait la paternité de Davy, elle souhaitait qu'il s'occupe de sa fille.

***

Un jour, alors que ma voiture était en panne, j'ai décidé d'emmener mes filles à l'école à cheval. Le matin, nous nous sommes levées très tôt, et, après avoir préparé les chevaux, nous avons pris le sentier. Nous sommes montées à l'école à cheval comme le faisaient nos ancêtres au bon vieux temps. Ce fut un moment inoubliable qui ravit Manon et sa petite sœur. Moi aussi, j'y ai pris énormément de plaisir. Vivre cette expérience fut plus qu'agréable.

Je ne supportais toujours pas le stérilet ni la pilule. Je n'avais aucun moyen de contraception. Olivier et moi, nous faisions très attention, mais, malgré tout, j'ai eu cette sensation que la vie s'installait une nouvelle fois en moi. Nous étions en 2003. Le centre équestre de randonnée se développait bien. J'avais de plus en plus de clients réguliers.

Olivier et moi vivions une belle histoire ; nous nous entendions très bien. Il était calme, apaisant et dévoué. Notre écart d'âge n'avait aucune importance, car notre amour était plus fort. Comme disait le proverbe : *La différence d'âge n'a jamais empêché un cœur d'aimer.*

Un test de grossesse me confirma que j'étais bel et bien enceinte. Je n'avais pas voulu cette situation, mais cela restait pour moi un bonheur.

Mais j'avais peur que cela ne soit un handicap pour Olivier. Je craignais sa réaction, car il était encore jeune et je ne voulais pas que cet enfant arrive trop tôt dans sa vie. Je ne pouvais pas et ne voulais pas non plus le lui imposer. S'il n'en voulait pas, je ne le garderais pas.

Lorsque je lui ai annoncé la nouvelle, il fut surpris et effrayé, ce qui était normal.

— Tu n'es pas en danger. Je ne t'imposerai pas l'enfant et, surtout, je te laisse le choix, lui ai-je dit.

Nous n'étions pas du tout préparés à cela, mais Olivier était quelqu'un d'intelligent. Je lui faisais confiance. Comme nous avions besoin tous les deux de réflexion, nous prîmes notre temps pour faire un choix.

Finalement, Olivier me confia :

— Je souhaite qu'on garde cet enfant, car je t'aime.

Ces paroles étaient belles et touchantes. J'en avais les larmes aux yeux. Aussitôt, j'ai sauté dans ses bras. Notre amour était plus fort que tout. J'étais heureuse et soulagée.

Bien évidemment, nous avons appris cet heureux événement à Manon et Laura, qui en étaient ravies.

Je poursuivis mon travail. J'étais très active et motivée. Olivier m'aidait beaucoup. J'étais heureuse ; j'avais une occupation professionnelle, une belle histoire d'amour, deux petites filles merveilleuses et un bébé à venir... Que demander de plus ?

Cependant, je n'avais toujours pas de nouvelles de la procédure de test ADN. Rien, pas non plus de convocation. L'avocate que j'avais été contrainte de prendre m'affirma que c'était parfaitement normal. Ce genre de procédure prend toujours beaucoup de temps en France. Je voulais tellement que cela se règle vite pour le bonheur de Manon. Elle s'impatientait ; je lui disais ce que je savais pour qu'elle ne reste pas avec des questions sans réponses.

Au travail, les choses se gâtaient : un voisin malveillant qui ne supportait pas les chevaux m'interdisait le passage en voiture sur le chemin d'accès, prétextant qu'il lui appartenait. Cet homme ne vivait pas là, mais il avait décidé de me pourrir la vie sans raison valable.

Dans le hameau, un groupe de personnes s'était monté contre moi et mon activité, que j'exerçais pourtant à l'extérieur de l'agglomération. Je ne comprenais pas cette animosité à mon égard. Je subissais un harcèlement moral, des agressions verbales, mais, soutenue par d'autres personnes et notamment mes clients, je ne me laissai pas faire.

Il y avait encore des jugements au sein de ce village. Selon eux, j'étais une mauvaise mère, car, au lieu de m'occuper de mes enfants et d'avoir un emploi salarié, je m'occupais de chevaux. Pour eux, j'étais une personne inconsciente et irresponsable. Malheureusement, dans ce genre de petit village, les gens sont ainsi : jaloux et envieux.

Pourquoi tant de méchanceté ? Pourquoi n'arrivaient-ils pas à voir l'authenticité de ma démarche ?

Je trouvais que j'avais quand même de l'audace, du courage, de la motivation, dc la passion et de l'ambition. J'apportais non seulement une activité passionnante à mes enfants, plus heureux de vivre de cette façon, entourés de chevaux, mais des enfants et des adultes du village, où il n'y avait pas grand-chose à faire, en profitaient également.

Un jour, j'étais montée au terrain nourrir les chevaux. Le voisin, qui était en train de labourer son champ, s'est empressé de venir labourer également le chemin d'accès. Je me trouvai donc bloquée dans les terres, ne pouvant plus accéder à la route avec ma voiture. Il ne voulait plus me laisser sortir, ne voulait rien entendre. Impuissante face à un homme agressif et déterminé à me faire peur pour que je parte, j'ai dû faire appel aux gendarmes. Ils ont rétabli l'ordre et l'ont contraint à me laisser passer. J'étais satisfaite ; c'était une victoire. J'avais le sentiment que j'étais prête à me battre pour mes idées et mes objectifs. Même si j'étais lasse et triste de sentir toute cette hostilité injustifiée contre moi, je ne montrais rien et je faisais face.

***

Manon et moi attendions impatiemment des nouvelles pour les tests ADN. Nous ne comprenions pas pourquoi c'était si long. Un an et demi s'était déjà écoulé. Lorsque Manon était chez sa tatie, à Saint-Vallier, et qu'elle jouait dans le village, les enfants étaient méchants avec elle. Ils devaient sûrement répéter les paroles de leurs parents. Ils lui disaient qu'elle était la fille du facteur, qu'elle ne savait pas qui était son père. Manon en souffrait et se confiait à moi. Je lui disais :

— Tu sais, les enfants répètent ce qu'ils entendent, sans réfléchir. Nous leur prouverons bientôt le contraire. Ne les écoute pas.

J'essayais avec des mots simples de rassurer ma petite Manon qui avait déjà neuf ans. Le temps passait très vite. Manon et Laura grandissaient comme l'albizia, cet arbuste que l'on trouve dans la région et qui pousse avec une rapidité spectaculaire.

Au printemps de l'année 2003, j'ai enfin reçu une convocation. Il nous fallait nous rendre dans un hôpital de Nice afin d'effectuer les prises de sang.

Manon était inquiète et excitée à l'annonce de ce moment tant attendu. Quant à moi, j'étais plutôt sereine et soulagée d'y être enfin, mais aussi préoccupée par le bien-être de Manon.

Je m'interrogeais : *Comment peut-on abandonner sans aucune conscience une merveilleuse petite fille sur de simples doutes ? Et comment peut-on se dire qu'elle est peut-être sa fille et lui faire autant de mal ?*

Avec un ami, nous nous sommes rendus à l'hôpital. Davy s'y trouvait. Manon ne l'avait pas vu depuis si longtemps qu'elle ne l'a même pas reconnu. Il lui fit un simple sourire, comme s'il venait de croiser une étrangère. Je lui en voulais terriblement. Le seul fait d'être dans la même pièce que lui m'insupportait, mais je prenais sur moi pour Manon. J'essayais de rester zen.

La chanson de Zazie me revenait en tête : *Zen, soyons zen*... Manon n'avait pas besoin de ressentir tout cela.

L'ambiance de l'hôpital n'était pas chaleureuse, avec l'habituel parfum antibactérien qui pénétrait nos narines. Le stress et l'angoisse montaient en moi.

Je découvrais que les tests ADN se faisaient sur toute la famille : le père, la mère et l'enfant. C'était logique, mais je n'y avais pas songé.

J'étais maintenant enceinte de sept mois. C'était une épreuve multipliée dans la sensibilité et l'émotion. J'étais plus vulnérable émotionnellement. Manon avait besoin de moi ; je devais me montrer forte pour qu'elle le soit aussi. Manon avait peur, car elle n'était pas habituée aux piqûres, mais Minnie, sa peluche, était toujours là pour la rassurer et la protéger, tel un bouclier des temps modernes. Minnie partageait ses pires moments avec elle. Plus petite, Manon avait subi une intervention pour des chalazions. Le médecin avait aussi pratiqué la même opération sur Minnie. Elles étaient revenues toutes les deux avec des bonnets, des chaussons de l'hôpital et un pansement sur l'œil avec une perfusion.

J'avais trouvé cela très touchant de la part des médecins et du personnel hospitalier. C'était une bienveillance qui avait beaucoup aidé Manon à traverser cette épreuve. Je lui rappelai donc ces moments passés avec Minnie et je lui dis :

— Si tout se passe bien pour Minnie, cela se passera bien pour toi. Il faut que tu sois forte et que tu penses à ce que tu souhaites en faisant ce test.

Les infirmières aussi étaient là pour la rassurer. Manon voulait faire plaisir et voulait toujours qu'on soit fier d'elle. Elle se montra très courageuse et ne pleura pas lors du prélèvement. L'aiguille entra dans sa chair ; le sang coulait dans la seringue. Enfin, l'ADN de Manon était dans la boîte. J'étais si fière d'elle que j'en avais les larmes aux yeux. Nous l'avons tous applaudie, et son sourire a éclairé ce moment difficile. Puis, ce fut à mon tour de me soumettre à la prise de sang.

Soulagées de ne pas croiser à nouveau Davy, nous sommes rentrées à la maison, impatientes d'obtenir ces résultats. Manon était excitée à l'idée de retrouver son papa, et moi, de faire taire toutes ces rumeurs incessantes et infamantes.

L'infirmière m'indiqua que nous allions recevoir les résultats des tests d'ici un mois.

De retour à la maison, je me sentis soulagée. Enfin, les tests avaient été faits. Enfin, la vérité allait éclater. C'était le début de la fin de tous ces tourments liés à Davy.

Je poursuivais mes activités professionnelles avec passion et je partageais tout ce bonheur avec Manon qui devenait une très bonne cavalière.

***

Un mois plus tard, j'ai reçu des nouvelles, mais malheureusement pas celles que j'attendais. C'était encore une convocation pour une nouvelle prise de sang. J'étais étrangement surprise. Comme je m'interrogeais, j'ai directement contacté le laboratoire pour avoir des éclaircissements. Les raisons étaient vagues. On me donna des explications saugrenues :

— Vous avez un sang qui est rare. Les résultats doivent être acheminés à Paris.

Rien n'était clair. Tout cela me paraissait incompréhensible. Je commençais à sentir que quelque chose n'allait pas, mais impossible de savoir ce que cela pouvait être. Mes questions restaient sans réponses.

Nous fîmes alors une deuxième prise de sang en espérant que tout rentrerait enfin dans l'ordre. J'essayais de mettre de côté toutes mes angoisses. Comme j'étais enceinte, ma sensibilité et mes émotions étaient à fleur de peau.

Comme au premier examen, on nous promit que nous aurions les résultats de ces deuxièmes tests un mois plus tard. Entre-temps, j'appelai mon avocate de l'époque pour en savoir plus.

Peut-être avait-elle des réponses concernant cette deuxième convocation ? Elle aussi trouvait cela étrange et essaya de se renseigner de son côté, mais en vain. Il planait un mystère autour de ces prises de sang dont les résultats ne venaient pas.

De mon côté, je faisais patienter Manon, lui expliquant que c'était normal. Mais, un mois plus tard, nous n'avions toujours pas de nouvelles. L'attente s'étirait, insoutenable.

Nous passions Noël en famille avec Nelly, Laurent, Rudy, Thomas chez mémé Rosette. Le bébé bougeait beaucoup ; je sentais que c'était pour bientôt. J'étais fatiguée et préoccupée, mais cela me faisait du bien d'être en famille, de voir Manon et Laura jouer avec Thomas. Je pensais beaucoup à maman qui me manquait toujours autant, surtout en ces moments privilégiés en famille. Son absence me faisait toujours autant souffrir. J'avais tellement besoin d'elle surtout en cette période. J'aurais tant aimé qu'elle puisse voir ses petits-enfants grandir et surtout qu'elle puisse rester auprès de Thomas et Rudy, qui avaient autant besoin d'elle que mes filles et moi.

Quatre jours après Noël, j'étais au travail avec mes petites stagiaires que j'adorais. Mais ce jour-là était différent : j'étais fatiguée et j'avais des maux de ventre. Je pensais que j'en faisais trop, qu'il fallait que je lève un peu le pied.

Le soir, mon mal de ventre s'intensifia. C'étaient bien des contractions de plus en plus fortes et de plus en plus rapprochées. Il fallait qu'on se rende à l'hôpital ; c'était encore un grand jour dans ma vie.

Au centre hospitalier, on constata que j'avais bien des contractions, mais mon col ne se dilatait pas. Étant donné que j'habitais loin, le personnel jugea qu'il était plus prudent de me garder. On me fit dans la fesse une douloureuse injection qui m'endormit instantanément pour la nuit.

Le lendemain matin, je fus réveillée par de nouvelles contractions. J'appelai la sage-femme, qui installa rapidement la péridurale. Quelques heures plus tard, le petit Mickaël entrait dans ma vie : un magnifique bébé très tonique, qui venait remplir mon cœur d'un grand bonheur. Olivier était ému par la naissance de son fils. Nous donnions une chance à notre histoire et à notre couple en fondant notre propre famille.

Oliver allait venir avec nous s'installer à la maison. Manon et Laura étaient heureuses de rencontrer leur petit frère. Je fus très touchée de voir tant d'amour dans leurs yeux.

J'étais heureuse et comblée d'amour, mais j'avais malgré tout comme un pressentiment, une angoisse qui était là et ne me lâchait pas. Je n'arrêtais pas de penser à ces tests ADN, à ces résultats qui n'arrivaient pas, à ces questions qui restaient sans réponses.

Je regardais mes trois magnifiques enfants et me disais que rien ne pourrait défaire cet amour qu'il y avait entre nous, qu'il serait éternel. Ils étaient la plus belle chose que j'avais faite dans ma vie. Je ne pouvais pas être plus fière. J'aurais été capable de tout pour eux ; je leur aurais donné ma vie.

Durant mon séjour à l'hôpital, je réappris les soins de base. J'avais l'impression que Mickaël était mon premier enfant. Mais, très vite, les gestes revinrent presque naturellement.

De retour à la maison, je repris assez vite mes activités. Mickaël m'accompagnait partout. J'éprouvais toujours la même sensation de bonheur de ramener son bébé à la maison et de l'avoir enfin pour soi, sauf que, là, je devais le partager avec deux autres petites filles – ou plutôt deux autres petites mamans adorables : Manon et Laura.

14

Un résultat stupéfiant

La vie est un mystère qu'il faut vivre,
et non un problème à résoudre.

Gandhi

À la maison, c'était le bonheur. Je reprenais rapidement ma routine professionnelle. La vie retrouvait son rythme normal. Olivier était un papa formidable. Il prenait son rôle à cœur et m'aidait beaucoup. Je me sentais aimée et soutenue. Entre nous, tout se passait merveilleusement bien. Je dois l'avouer : Olivier, malgré son jeune âge, avait la fibre paternelle.

Manon aimait beaucoup s'occuper de son petit frère. Mickaël m'accompagnait partout. Nous formions une belle famille.

Bien entendu, des rumeurs et des critiques circulaient dans le village concernant ma relation avec un homme plus jeune. J'étais habituée : les gens du village ne semblaient pas avoir autre chose à faire que de se mêler de la vie de leurs voisins. Pourtant, je pensais que bien des hommes plus âgés n'avaient pas la valeur et la sincérité d'Olivier. Beaucoup d'entre eux auraient pu prendre Olivier en exemple.

J'étais certes agacée par toutes ces polémiques ridicules autour de notre couple, mais encore plus préoccupée par ces résultats de tests qui n'arrivaient toujours pas. Je sentais monter en moi une terrible angoisse et surtout un mauvais pressentiment.

Pourtant, j'avais ma conscience pour moi ; j'étais certaine des résultats, mais quelque chose ne tournait pas rond. Je ne comprenais pas ce qui pouvait faire tant retarder les résultats. Dans mon esprit se créaient des tas de scénarios tous plus fous les uns que les autres. Dans ce genre d'attente et de tourmente, le cerveau s'amuse parfois à divaguer dans des mondes surréalistes.

Manon était tellement heureuse. Son attention étant entièrement tournée vers son petit frère, elle ne pensait pas au fait que toute cette histoire de preuve de paternité restait en suspens. L'arrivée de Mickaël la lui avait fait presque complètement oublier.

Les mois ont passé. J'étais très occupée avec mon bébé, mes deux filles et mes activités professionnelles. Les journées étaient chargées ; j'étais très fatiguée, mais très motivée. Je faisais preuve de courage et de force. J'étais déterminée à réussir ma vie et à combler celle de mes enfants.

***

Un beau jour, alors que le ciel était d'un bleu azur, je reçus enfin un courrier de mon avocate : j'étais convoquée à son cabinet pour un rendez-vous. Les résultats des tests étaient enfin disponibles. J'étais soulagée ; mon cœur frémissait de joie et de bien-être.

Nous arrivions à la fin d'une histoire qui n'aurait jamais dû commencer. La vérité allait enfin éclater aux yeux de tous ceux qui avaient douté de moi. J'allais être lavée pour de bon de toutes ces injures à mon sujet. Je pourrais être propre aux yeux des autres. Quant à Davy, il devrait prendre ses responsabilités de père.

Pour préserver Manon, j'ai préféré ne pas lui parler de ce rendez-vous, car ce mauvais pressentiment m'en empêchait. En effet, il y avait une énergie malsaine qui planait autour de moi. C'était comme une sensation étrange. Je ne voulais pas contrarier le bonheur de ma fille ; je ne voulais pas non plus la stresser. Je voulais lui épargner une nouvelle déception au cas où il y aurait eu un nouveau contretemps.

Le jour du rendez-vous arriva enfin. Nous étions en mai 2004. Je ne souhaitais pas m'y rendre seule, car j'étais trop anxieuse. Je ressentais quelque chose, mon sixième sens sans doute. Mais j'espérais de tout cœur que les augures soient avec moi. Après tout, il n'y avait aucune raison. Je devais être confiante.

Lorsque ma sœur Nelly proposa de m'accompagner, je fus soulagée : je ne pouvais pas être mieux escortée. Maman n'étant plus là, elle était la personne dont j'avais le plus besoin.

Nous nous sommes donc rendues au rendez-vous. J'étais angoissée, mais Nelly avait les mots pour me rassurer :

— Détends-toi. Tu n'as rien à craindre puisque tu connais déjà les résultats. Tu ne peux être que sereine.

Elle avait raison. Ses paroles m'aidaient beaucoup, mais, au fond de moi, je n'arrivais pas vraiment à me détendre. Les enfants étaient restés avec Olivier. Eux non plus ne pouvaient pas être en de meilleures mains.

Sur le chemin, j'essayais d'être confiante, mais mes pensées se focalisaient sur les tests. Impossible d'occuper mon esprit autrement.

Arrivées chez l'avocate, nous n'eûmes pas à attendre, car elle nous reçut tout de suite. L'atmosphère était pesante et assez étrange. Un parfum de mystère flottait dans la pièce.

Ce bureau était grand et magnifique. Il y avait d'immenses étagères remplies de dossiers, une belle bibliothèque qui regorgeait de livres variés.

— Asseyez-vous, nous invita l'avocate d'un ton un peu sec.

Je remarquai qu'elle était très tendue. Je n'étais plus du tout rassurée. Les doux mots venaient de s'évaporer dans le paradis de l'oubli. Nous prîmes place sur les sièges, face à l'avocate.

Je l'observai sans la quitter des yeux un seul instant. *Pourquoi a-t-elle les traits tirés ?* Elle ne souriait pas. Une angoisse terrible monta en moi. *Pourquoi n'est-elle pas contente de m'annoncer la nouvelle à laquelle je suis censée m'attendre ? Que se passe-t-il ?*

Elle aurait dû être souriante et détendue, mais ce n'était décidément pas le cas.

Ma sœur me prit la main. Dans une atmosphère glaciale, l'avocate nous regarda et prit la parole :

— Je ne vais pas tourner autour du pot : Davy n'est pas le père.

En une fraction de seconde, je tombai des nues. Mon esprit et mon corps entier semblèrent s'écrouler. C'était totalement impossible : il y avait forcément une erreur. Je ne dis rien. Les mots étaient coincés dans ma gorge. Je bouillais intérieurement.

Elle enchaîna :

— Mais vous n'êtes pas non plus la mère.

J'avais du mal à comprendre ; j'étais tellement perturbée que je me mis à entendre n'importe quoi. Mon esprit devait me jouer des tours, me dis-je.

— Pardon ? lui demandai-je. Pouvez-vous répéter ce que vous venez de dire ? J'ai mal compris !

Dans un silence glacial, l'avocate me regarda et répéta mot pour mot ce que je venais d'entendre. Aussitôt, je me sentis projetée dans une autre dimension ; j'étais soudain seule au monde. L'avocate continuait de me parler, mais je n'entendais plus rien. Je voyais ses lèvres bouger, mais le son de sa voix ne parvenait pas à mes oreilles. J'étais enveloppée dans un halo de coton. Je ne comprenais plus rien.

Sa voix était lointaine. Ma sœur me parlait aussi, mais je ne parvenais pas à saisir quoi que ce soit. Je ne sentais plus mon corps, mes oreilles étaient bouchées comme si une bombe venait d'exploser tout près de moi. D'un coup, j'étais devenue un zombie. J'étais dans un monde qui n'était pas le mien. Je sentais comme un coup de poignard qui s'enfonçait dans mon cœur. Je ne tenais plus sur ma chaise ; j'avais terriblement de mal à respirer.

C'est impossible, c'est irréel, c'est un cauchemar et je vais me réveiller, me disais-je.

C'était comme un tsunami qui venait de balayer toutes les certitudes et la confiance que j'avais en la vie. Il n'y avait pas de mots assez forts pour exprimer l'angoisse qui m'envahit à ce moment-là. Une angoisse qui faisait mal, un traumatisme faisant des ravages dans mon esprit et dans mon cœur.

Pendant plusieurs minutes, ma tête n'était plus là. Elle errait dans des contrées désolées. Je vivais un cauchemar éveillé. Je ne trouvais aucune sortie. Je n'avais d'autre choix que de faire face à cette situation.

Mais si Manon n'est pas ma fille, c'est que mon véritable enfant est quelque part ?

Je pensais à Manon et aussi à ce bébé que j'avais mis au monde et qui était depuis dix ans quelque part dans la nature. J'avais terriblement peur pour Manon.

Je me disais : *Elle a d'autres parents qui, le jour où ils apprendront son existence, voudront la reprendre auprès d'eux.*

J'étais terrifiée à l'idée de perdre ma fille. J'étais sa mère ; cela ne changeait rien, bien au contraire. Cette peur inédite me faisait prendre conscience à quel point je l'aimais. D'autre part, je pensais à ce bébé que j'avais porté et mis au monde dix ans plus tôt. Le cœur serré et la boule au ventre, je me demandais ce qu'elle était devenue pendant tout ce temps. L'angoisse grandissait au fil de mes réflexions. Comment allait-elle ? Avait-elle été bien traitée ? Aimée ? Était-elle en bonne santé et toujours en vie ?

J'avais encore du mal à respirer. Je reprenais un peu mes sens et revenais peu à peu à moi. Mon esprit reprenait vie. Dans la pièce, il y avait toujours l'avocate et Nelly. J'étais désemparée ; je regardais ma sœur qui l'était tout autant. Un choc pour elle aussi qui aimait tellement sa nièce.

Beaucoup de questions se bousculaient dans ma tête, mais elles restaient sans réponses. Comment cela était-il possible ? Que s'était-il passé ? Comment savoir où était passé mon bébé ?

Une seule et unique image est apparue dans mon esprit à cet instant : l'épisode des cheveux à la clinique. Ce que j'avais pu croire, à l'époque, m'apparut comme une évidence. Mon bébé avait été échangé à ce moment-là.

Comment aurais-je pu penser à un tel scénario ?

Réussir à imaginer l'inimaginable. Tout en parlant de cela avec l'avocate, je lui demandai :

— Comment puis-je faire pour retrouver mon enfant âgé de dix ans ?

Il fallait que je la retrouve, que je sache comment elle allait. Je m'imaginais le pire. Cela me rendait malade.

— Il faudra déposer une plainte pour substitution d'enfant, afin de pouvoir ouvrir une enquête pour retrouver l'enfant et découvrir comment une telle chose a pu arriver, me répondit l'avocate.

Pour moi, il ne faisait aucun doute que l'échange avait eu lieu à la clinique puisque, après la sortie de la maternité, je n'avais plus quitté Manon. Ce doute que j'avais eu autrefois avait désormais obtenu une confirmation.

Sans attendre, je décidai de déposer une plainte, avant tout pour retrouver mon enfant qui était encore dans mon esprit toujours un bébé.

L'avocate me sortit de mes pensées :

— Je vous précise tout de même que tout cela sera très compliqué. En plus, il n'y a pas de précédent, donc aucune jurisprudence.

Savoir que la justice allait fonctionner à l'aveugle pour ce genre d'affaires n'était pas très rassurant.

Une fois cette décision prise et après ce rendez-vous éprouvant, j'étais à bout de forces, exténuée par ce que je venais d'entendre. J'avais besoin d'air, de sortir. J'étouffais dans cette pièce ; l'endroit devenait irrespirable.

En partant, j'espérais qu'on allait vite retrouver mon bébé, mais une question me préoccupait tout autant : *Comment vais-je bien pouvoir expliquer tout cela à Manon sans la traumatiser et sans lui faire du mal ?*

Je me sentais démunie et impuissante face à cette situation horrible. J'avais l'impression de porter le poids du monde sur mes épaules. Je pensais que la disparition de ma mère était l'événement le plus terrible, mais là, une nouvelle fois, le ciel m'infligeait une épreuve tout aussi insurmontable.

Je quittai le bureau de l'avocate avec le sentiment de n'être plus qu'un amas de débris après une fulgurante déflagration.

***

Je suis rentrée à la maison, bouleversée et perdue, mais je devais trouver le moyen de me ressaisir pour les enfants. Olivier m'attendait impatiemment avec les petits bouts de chou. Il avait passé plusieurs heures formidables à jouer avec eux. Tout de suite, cependant, il vit que je n'étais pas bien du tout. Je n'osais pas parler, car j'étais trop à fleur de peau.

Je regardais Manon, si innocente et adorable. Je la voyais si épanouie, respirant la joie de vivre. Je me demandais comment j'allais pouvoir lui annoncer une telle chose sans la blesser et la bouleverser. J'essayais d'imaginer sa réaction, mais je n'y arrivais pas. Il m'était impossible de me projeter. Il fallait déjà que je commence par digérer moi-même cette terrible nouvelle. C'était un cauchemar éveillé ; je n'avais aucun moyen d'y échapper.

Je vais détruire la vie de ma Manon en lui apprenant les résultats des tests ADN.

Une fois les enfants couchés, j'en parlai avec Olivier.

— L'avocate a bien reçu les tests ADN.

Ma terreur se cramponna de nouveau à moi.

— Alors ? Il est le père ? me demanda Olivier.

— Non. Et ce n'est pas si simple que ça.

— Comment ça, « non » ?

— Davy n'est pas le père.

Olivier, frappé de stupeur, resta muet un moment, puis il demanda :

— Mais qui est le père de Manon ?

— Je ne sais pas. La réalité, c'est que Davy n'est pas le père, et moi, je ne suis pas sa mère.

Olivier était d'autant plus en état de choc qu'il venait d'être papa.

— Mais comment est-ce possible ? me demanda-t-il, hébété.

Je lui expliquai donc toute l'histoire, tout ce qui était arrivé à la clinique. Olivier, à raison, n'en revenait tout simplement pas et n'avait pas la moindre idée de la façon dont il pouvait me remonter le moral.

Aussi perdu que moi, il m'a prise dans ses bras afin d'essayer de me consoler.

Nous sommes allés nous coucher, mais, pour moi, envahie par la frayeur et blessée au fond de mon cœur, il était impossible de dormir.

Le lendemain, le réveil fut difficile : ma motivation n'était plus au rendez-vous. Je sentais que mes journées n'auraient plus la même saveur, que le quotidien allait devenir très lourd. Je devais me faire violence pour faire face à cette situation. La vie était devenue sombre et avait pris un goût amer.

Certes, je me devais de garder la tête haute devant les enfants, mais c'était tellement éprouvant que j'avais besoin de moments intimes pour me retrouver seule. Je me réfugiai dans ma chambre pour y verser les larmes de cette peine insondable.

Il fallait aussi que je trouve un moment pour parler à Manon afin de lui annoncer ces terribles résultats. Je pensais que ce serait plus judicieux de lui en parler le week-end pour ne pas la perturber en semaine à cause de l'école, car le rythme était intense.

Si le week-end me paraissait plus approprié pour cette difficile discussion, j'étais bien consciente qu'il n'y avait bien entendu aucun moment idéal pour annoncer ce genre de nouvelle à son enfant. Le week-end arriva, mais je ne trouvai pas le courage d'aborder le sujet. Les mots me manquaient, tout comme l'audace.

En la regardant jouer, je n'arrivais pas à me résigner à lui révéler la vérité, sachant que j'allais bouleverser sa vie pour toujours. Elle jouait, je la regardais, son innocence me touchait et me faisait faire marche arrière. Je repoussai donc cette épreuve au week-end suivant…

Après trois semaines d'hésitations, pendant lesquelles je cherchai la meilleure façon de parler à Manon, je décidai qu'il était temps.

Nous étions à la maison. Manon regardait tranquillement la télévision ; elle était toujours aussi sage.

— Veux-tu venir avec moi discuter dans ma chambre ? lui demandai-je.

— Oui, j'arrive, ma maman chérie, me répondit-elle, toute contente.

Au vu de ce que j'allais lui annoncer, ses mots me bouleversèrent encore plus. Une fois dans la chambre, elle était impatiente de savoir ce que j'allais bien pouvoir lui dire. Elle était débordante d'enthousiasme, comme toujours. J'étais bloquée face à elle.

Mais je ne pouvais pas lui cacher la vérité ; elle avait le droit de savoir et de comprendre ce qui se passait dans sa vie. Je ne voulais surtout pas qu'elle vive l'abandon de son père sans avoir toutes les données à sa disposition. Il n'était pas question de la laisser sans réponse comme moi, quand j'étais petite, lors du divorce de mes parents.

Avoir été mise à l'écart des événements familiaux m'avait fait plus de mal qu'autre chose. Je ne voulais pas que Manon ait le même sentiment, qu'elle pense que personne ne se souciait de ce qu'elle pouvait ressentir. Je lui devais la vérité, elle la méritait.

C'était à moi de trouver la meilleure façon de lui exposer les faits, aussi insolites, absurdes et terrifiants soient-ils ; cela faisait partie de ma responsabilité.

Après toutes ces réflexions, comme un plongeur, je me jetai à l'eau et je commençai à lui parler avec simplicité et douceur. Je lui annonçai cette cruelle vérité en lui tenant la main :

— Ma petite chérie, j'ai reçu les résultats des tests ADN. Tu sais, les tests pour prouver que tu es bien la fille de ton papa. Je n'ai pas une bonne nouvelle à t'annoncer, mais je veux que tu saches que je t'aime plus que tout et que, quoi qu'il arrive, cela ne changera jamais. Je ne t'ai pas menti sur ton papa ; pourtant, les tests disent que tu n'es pas sa fille. En plus, selon ces résultats, je ne suis pas non plus ta vraie maman.

Ses yeux se remplirent de larmes. Je sentis qu'elle avait très bien compris ce que je disais. J'ajoutai, en la prenant dans mes bras :

— Quand tu es née, on t'a échangée avec un autre bébé à la clinique.

En la serrant contre moi, je lui dis également :

— Cela ne changera rien pour moi. Tu es toujours ma fille et je t'aimerai toujours.

Elle fixa son regard sur moi et me répondit tristement :

— Alors, ça veut dire que j'ai d'autres parents et qu'ils vont vouloir me reprendre ? J'ai peur. Je ne veux pas qu'on nous sépare. C'est toi, ma maman. Comment fera-t-on s'ils veulent me reprendre ?

— Rien ni personne ne pourra nous séparer. Je serai toujours là pour te protéger ; tu n'as pas de soucis à te faire.

Je devais me montrer forte et confiante pour la rassurer, même si je ne l'étais pas moi-même. Nous nous sommes allongées sur mon lit, et je l'ai serrée dans mes bras pendant un long moment. J'entendais son cœur battre à vive allure.

Seuls ses sanglots meublaient le silence dans la chambre.

15

Le début de l'enquête

Refuser la vérité de l'amour conduit
à refuser l'amour de la vérité.

Jacques de Bourbon Busset

La vie n'était plus la même. Ce coup de bâton que je venais de recevoir m'avait complètement assommée. Je n'avais plus aucune motivation. Je me levais chaque jour comme un pantin.

Mon corps était là, mais mon esprit était ailleurs, englouti dans un abysse. Je m'efforçais de ne pas sombrer dans la dépression ; il fallait que je sois forte et courageuse. Mes enfants n'avaient surtout pas besoin d'avoir une maman absente. Au contraire, il me fallait rester pleine de vie et entretenir l'optimisme.

Certes, c'était facile à dire, mais chaque instant était une épreuve à surmonter. Je n'étais nullement prête à vivre une telle expérience. Il est clair que personne ne pourrait l'être. Découvrir, après dix années, que mon enfant chéri n'était pas le mien, ce fut la plus douloureuse des nouvelles. Parfois, je me disais : *Comment continuer de vivre ?* Je voulais que le ciel m'accorde grâce et me libère de cet enfer.

Je ne voulais pas qu'on m'enlève Manon. Elle était le fruit de mes entrailles. Je l'avais bercée, nourrie, élevée, aimée comme ma fille. Alors, il n'y avait aucune raison pour qu'on me l'enlève. Puis, il y avait aussi cet enfant inconnu qui ne cessait de hanter mes pensées. Comme si j'avais un descendant de plus. En aucun cas, je n'ai considéré Manon comme si elle n'était plus ma fille. Jamais. J'avais maintenant quatre enfants : Manon, Laura, Mickaël et cette fillette dont je ne connaissais pas le prénom. J'avais le profond désir de la connaître. Je voulais la voir, la toucher, lui parler. Mais, surtout, j'espérais qu'elle serait en bonne santé et en paix. Mon cœur était alors comme un véritable yo-yo : il vivait sans cesse des hauts et des bas brusques et imparables.

J'avais toujours des problèmes avec le voisinage. Je me faisais agresser si un cheval s'échappait. Il fallait par conséquent que je gère aussi ce genre de situations. Décidément, la vie ne me laissait pas le moindre répit.

Je vais devenir folle ! me disais-je lorsque j'avais le moral à zéro.

C'est vrai que le voisinage ne me laissait pas le temps de me concentrer sur mes problèmes familiaux, qui étaient nettement plus importants que leurs petites histoires.

Un jour, un de mes chevaux s'est gravement blessé. Comme il marchait difficilement, je l'ai installé dans le garage avant que le vétérinaire ne vienne l'euthanasier. Les voisins, au lieu d'être sensibles à cette situation, se sont plaints à la mairie et à la propriétaire parce que l'animal n'était pas à plus de cent cinquante mètres des habitations. Du coup, ils ont lancé une pétition. Ils prétendaient que je maltraitais mes chevaux. C'étaient des accusations bien sûr totalement injustifiées. Tous mes cavaliers étaient présents pour l'affirmer. Toutes ces manœuvres ne faisaient qu'intensifier le harcèlement dont j'étais victime depuis trop longtemps.

Mais ces mesquineries n'étaient rien en comparaison de ce que j'avais appris ce jour fatidique dans le bureau de mon avocate.

Ces gens avaient beau m'attaquer sans relâche, ils ne pouvaient se douter à quel point leurs récriminations ne pouvaient rivaliser avec le drame que je vivais. Je ne leur souhaite jamais, du reste, de vivre cela.

Le fantôme de ma fille génétique hantait mes nuits et mes rêves. Elle n'avait pas de visage, mais j'étais persuadée qu'elle devait me ressembler. C'était un sentiment étrange et perturbant de savoir que j'avais une fille qui existait quelque part sur cette terre. Mon instinct de mère voulait la retrouver – sûrement pour la protéger. Malgré les années, elle restait tout de même la chair de ma chair, le sang de mon sang.

J'ai reçu un jour un appel téléphonique de mon avocate qui m'informait que l'enquête était confiée à la gendarmerie de Cannes. J'ai donc cherché dans mes affaires des documents qui pourraient peut-être servir. Après plusieurs heures de recherche dans mes archives personnelles, j'ai trouvé des papiers venant de la clinique (factures et autres).

Les gendarmes se sont automatiquement tournés vers les archives de la clinique pour connaître le nombre de petites filles nées à cette période. Le but était de retrouver l'autre famille. Comme Manon avait un teint un peu typé, les gendarmes ont affiné leurs recherches.

Quelque temps plus tard, je fus convoquée à la gendarmerie pour faire ma déposition. Encore une nouvelle épreuve qui m'attendait, mais je n'avais pas le choix, car, là, il fallait avancer. La machine était lancée. J'étais comme dans un manège que je ne maîtrisais plus.

Je me suis donc rendue à la gendarmerie de Cannes. La boule au ventre, je marchai dans les longs couloirs pour arriver au bureau du gendarme responsable de l'enquête. Voir tous ces hommes en uniforme était impressionnant ; j'étais intimidée et mal à l'aise.

Pourtant, il ne fallait pas que je panique. J'étais bien entourée. Tous ces gendarmes étaient là pour m'aider.

Arrivée dans le bureau, je découvris un homme d'une quarantaine d'années. Il avait une belle chevelure brune, était vêtu en civil. C'était impressionnant. Je me croyais dans un film ou une série du genre *Starsky et Hutch*.

Gentiment, le gendarme me demanda de m'asseoir. Il dégageait une belle aura qui m'inspirait une grande confiance. On sentait que c'était une bonne personne : gentille et attentionnée. Je n'avais par conséquent aucune raison de m'inquiéter et encore moins d'avoir peur.

La pièce était très simple, dénuée de décoration : un bureau beige sur lequel était posé un ordinateur ainsi que des tas de dossiers. Je levai les yeux ; le gendarme m'observait, puis me dit :

— Je vais donc prendre votre déposition. J'ai besoin de votre nom, votre prénom, votre date et votre lieu de naissance, ainsi que votre adresse.

À mon rythme, je transmis les informations

demandées. Il tapotait sur son clavier dès que je disais le moindre mot.

— Pouvez-vous me raconter ce qui s'est passé à la clinique lors de votre accouchement et les jours suivants ? me dit-il.

Après un instant de réflexion, car il me fallait débobiner le film de mon passé, je lui indiquai chaque détail. Cela n'allait pas de soi, car dix ans s'étaient écoulés. Ce fut un exercice difficile.

Je remarquai que les gendarmes étaient très sensibles à mon cas. Ils étaient très investis et voulaient savoir et comprendre eux-mêmes ce qui avait pu se passer. J'ai bien ressenti que cette histoire leur tenait à cœur. Je trouvais cela rassurant. Cela me touchait beaucoup, car je me sentais soutenue et entourée.

Bien évidemment, Manon n'était pas avec moi, car je ne voulais pas lui faire subir tout ce stress. Elle était encore trop jeune. Le gendarme qui m'auditionnait était très attentif à chacune de mes paroles. Je ressentais en lui un côté protecteur. Une fois l'audition terminée, il imprima ma déposition, et je dus signer.

Ma griffe au bas de ce document marqua le début d'une longue enquête et d'une nouvelle vie. Mais je n'avais nullement le choix : il fallait que je sache, pour moi et pour Manon. La justice était le seul organe capable de faire le nécessaire pour m'aider à comprendre cette histoire.

***

Davy fut aussi convoqué afin de faire avancer l'enquête. Je lui en voulais terriblement, au point d'avoir la rage contre lui. Il était, sans le vouloir forcément, à l'origine de toutes ces révélations. Je le tenais pour responsable d'avoir bouleversé mon existence et celle de Manon. Finalement, avais-je envie de connaître la vérité ? Je n'en étais pas certaine. J'étais encore dans le déni.

Je pensais que c'était la fin de l'histoire avec Davy, mais je me trompais : ce n'était que le début. Tout cette situation me minait, me plombait. *Pourquoi Davy a-t-il voulu faire ce test ?* me répétais-je sans cesse.

Mais l'horloge de la vie me faisait constamment revenir à la triste réalité. Il fallait accepter la situation, même si mon cœur était malade. Je me sentais comme une vague qui venait constamment se briser sur un rocher. J'éprouvais une douleur intense, profonde et incessante.

Le simple fait de revoir Davy à la gendarmerie me donnait la nausée, comme si j'étais à l'intérieur d'un bateau qui tanguait. Qu'il ait contesté sa paternité me révulsait. Je trouvais cela indigne et horrible vis-à-vis de Manon. Quand j'ai appris qu'elle n'était pas ma fille biologique, ce n'est pas pour autant que j'ai contesté ma maternité. Très vite, Davy s'était déchargé de toute cette histoire ; j'avais même l'impression que cela l'arrangeait.

Manon en souffrait ; elle se disait : *Je n'ai pas de père, je n'en jamais eu et, maintenant, tout espoir s'est évanoui.* Elle était inquiète, car elle ne souhaitait nullement rencontrer l'autre famille, probablement de peur que je lui échappe. Elle se sentait bien à la maison, ne voulait pas qu'on l'y arrache. Heureusement que mes paroles la rassuraient et, ainsi, elle pouvait vivre plutôt bien la situation, mais elle insistait pour ne pas rencontrer ses parents biologiques. Je la comprenais : son univers s'était construit avec des bases et des fondations, et elle ne voulait en aucun cas qu'on détruise sa forteresse de vie. Je dois bien avouer que, si je cherchais à tout prix à apaiser ma fille, moi-même je n'étais pas rassurée. Je ne savais pas vraiment ce que nous allions devenir. J'étais dans un tunnel sans aucune vision sur l'extérieur. La lumière me manquait. En outre, je n'avais aucune idée de la réaction que pourrait avoir la famille biologique de Manon. Comme tout le monde, j'avais entendu dire qu'une maman biologique avait tous les droits sur son enfant. Donc, je m'attendais au pire sans même penser à ce que moi je pourrais faire par rapport à ma propre fille biologique. Ce qui me préoccupait, c'était Manon.

Égoïstement, je voulais la protéger à tout prix, mais aussi la garder pour moi. Je ne connaissais pas ma vraie fille ; je voulais uniquement savoir si elle allait bien. Ma véritable angoisse était de perdre Manon.

La situation n'était simple pour personne, sauf peut-être pour Davy, qui semblait être le seul à y trouver un bénéfice. D'ailleurs, lui et moi n'avions plus aucun contact. Sauf cette fois à la gendarmerie.

Rien qu'en voyant sa silhouette à l'accueil, les images terribles du passé étaient remontées à la surface. Par courtoisie, je l'ai salué, mais je n'ai pas pu m'empêcher aussitôt de lui dire :

— Tu es un monstre. Tu es inhumain et égoïste. N'as-tu pas honte de ce que tu viens de faire à une petite fille innocente ? Mais comment oses-tu encore te regarder dans une glace ?

J'essayai de me calmer, mais j'étais hors de moi, complètement hors de contrôle. Je devais absolument me ressaisir, surtout là où nous nous trouvions. Mais j'avais besoin que ça sorte, et cela me fit le plus grand bien. Manon n'étant pas là, je n'avais aucune raison de me retenir.

Davy ne broncha pas. Il resta là, à m'écouter sans prononcer un mot.

Après avoir déversé ce que j'avais à dire, je me sentis mieux et apaisée. Je l'ai quitté sans daigner lui dire au revoir.

***

De son côté, Manon se sentait bien. Elle était réconfortée par sa tatie et son tonton. Cela l'aidait profondément. Heureusement qu'ils étaient là pour s'occuper d'elle et lui apporter énormément d'amour. Je dois reconnaître qu'ils étaient un soutien supplémentaire dans notre vie, une épaule de plus sur laquelle s'appuyer.

Il fallait annoncer cette situation à la famille et aux proches. Je me devais de dire la vérité. Jean-Pierre Claris de Florian a écrit : *Pour vivre heureux, vivons cachés*. Il devait avoir raison, mais, personnellement, je ne pouvais pas garder cela pour moi. J'avais besoin d'en parler, d'être soutenue.

Tout le monde fut surpris, choqué, sans mot face à une telle nouvelle. Cela paraissait complètement irréaliste. Personne, on le comprend, ne s'attendait à une telle histoire.

Le cœur serré, je pensais à ma maman qui, malheureusement, n'était plus là pour m'aider. Sa présence m'aurait été d'un tel réconfort en cette période ! Je suis certaine qu'elle aurait trouvé les mots justes pour améliorer mon moral. Son absence était très lourde à assumer.

Rudy fut aussi convoqué pour transcrire ce que maman, de son vivant, avait pu lui dire concernant l'épisode des cheveux à la clinique.

***

Deux mois plus tard, un des enquêteurs de la gendarmerie de Cannes me contacta par téléphone.

— Bonjour, vous êtes bien Sophie Serrano ?

— Oui, répondis-je.

— Je suis gendarme à Cannes. Je vous contacte concernant l'affaire de votre fille. Nous avons peut-être retrouvé l'autre famille. Il n'y a rien de concret, mais des suppositions assez fortes.

J'étais estomaquée. Je ne savais pas quoi répondre. J'étais contente, mais une crainte montait en moi, car j'avais peur de l'inconnu.

Le gendarme me fit sortir de mes angoisses.

— Pouvez-vous venir voir les photos de la petite fille ?

— Oui, bien sûr.

Ce fut avec énormément de stress, d'angoisse et la peur chevillée au ventre que je me rendis sans attendre à la gendarmerie de Cannes.

L'affaire avançait ; cela soulageait tout de même mon impatience. Lorsque je fus arrivée dans son bureau, l'enquêteur me sortit aussitôt de son dossier une photo et me la tendit. J'y contemplai une petite fille souriante, à la chevelure brune. Je blêmis, car c'était une évidence : la ressemblance était flagrante. Je me reconnaissais en elle ; c'était vraiment stupéfiant. Les traits de Davy transparaissaient aussi sur son visage. Ce fut alors une certitude : ils avaient retrouvé ma petite fille.

C'est très troublant de voir un enfant qui vous ressemble à ce point… dix ans après. Quel soulagement, car enfin je la voyais ! Toute belle et riante, elle avait l'air d'être bien et en pleine forme. Elle était pétillante de vitalité. Je fus rassurée. *Elle est en vie, en bonne santé. Tout va bien*, me dis-je. Ce fut vraiment un moment de bonheur. *Ça aurait pu être pire*, pensai-je.

En voyant sa photo, je n'avais envie que d'une seule chose : la voir en personne.

— Mais comment se prénomme-t-elle ? demandai-je alors au gendarme.

— Mathilde.

Ce prénom scintillait dans mon cœur comme une larme de bonheur.

J'avais au fond de moi cette sensation encore plus vivante d'avoir un autre enfant. Je ne faisais aucun amalgame entre Manon et elle. L'une ne remplaçait pas l'autre. En moi s'imposait une impression étrange, comme si je venais d'apprendre que j'avais une autre fille.

Je voulais plus que tout au monde la voir, mais je savais que ce n'était pas possible, car rien n'était encore prouvé, même si j'en avais la certitude. Les autorités et la justice avaient besoin de preuves.

Les gendarmes m'ont signalé qu'ils allaient convoquer l'autre famille pour leur montrer aussi des photos de Manon et effectuer des tests ADN. J'étais contente, mais je m'imaginais l'étrange choc qu'allait recevoir ce couple.

J'étais impatiente, mais tout me paraissait long. Le temps prenait son temps. Pourtant, en à peine deux mois, les gendarmes avaient avancé rapidement.

J'avais vraiment envie de rencontrer cette autre famille. Pourquoi ? Je ne le savais pas, mais c'était un besoin inexpliqué, incontrôlable.

Je me rendais souvent à la gendarmerie de Cannes, espérant les croiser, mais en vain, jusqu'au jour où, alors que j'étais devant la grille du portail, je vis, au loin, une femme aux cheveux bruns et frisés. J'avais l'impression de voir Manon adulte. Ce fut alors une évidence : c'était la maman biologique de Manon. Cela ne faisait pas le moindre doute. C'était vraiment troublant.

J'avais cette sensation étrange d'être sur une autre planète, dans une autre dimension. D'abord, j'avais vu la ressemblance entre Mathilde et moi, et là, je pouvais observer tout autant la similitude des traits entre la maman biologique et Manon, ma fille. Deux moments aussi troublants l'un que l'autre. Comme j'étais accompagnée de Laurent, je me souviens de lui avoir dit :

— C'est elle, la maman de Manon, il n'y a pas de doute.

Mon frère aussi en était convaincu.

Sans aucune hésitation, je me suis approchée de cette femme. Il n'y a même pas eu besoin de faire les présentations : comme ce fut tout autant une évidence pour elle, nous sommes tombées dans les bras l'une de l'autre en pleurant.

J'étais très touchée, car j'imaginais la détresse qu'elle était en train de vivre. Je ressentais la même, bien évidemment, mais, de mon côté, il y avait eu tout un processus qui s'était construit alors qu'à cette pauvre maman la terrible vérité venait de lui tomber dessus. Elle ne s'attendait certainement pas à une chose pareille. Le ciel venait de lui tomber sur la tête.

Nous avons échangé nos coordonnées afin de garder contact.

***

Cette femme et moi nous sommes mises à nous appeler régulièrement. Nous avions toutes les deux envie de revoir le film des dix années de nos filles respectives. Nous avions envie de tout nous raconter en une seule heure, mais, hélas, c'était impossible.

Nous voulions tout savoir. Dans nos conversations téléphoniques, il n'y avait jamais de silences, pas un seul petit ange qui passait !

Davy n'était plus là. Comme il avait contesté sa paternité, il n'était plus le père de Manon. Il n'avait plus rien à faire sauf témoigner pour l'enquête. Sinon, il se déchargeait de tout. D'un côté, cela me soulageait, car je savais que je le verrais de moins en moins. C'était un poids qui s'en allait, comme un souffle de liberté qui caressait l'avenir.

16

« Alors, ce sont eux, mes parents ? »

La vérité est comme le soleil. Elle fait tout voir et ne se laisse pas regarder.

Victor Hugo

Je commençais à sombrer dans une sorte de mal-être, telle une vague qui a la puissance de faire chavirer un navire.

J'étais sans enthousiasme, j'attendais que ma flamme se rallume, mais la triste réalité me ramenait sur la rive de mes tourments.

J'attendais la sonnerie du téléphone dans l'espoir de dialoguer avec l'autre maman, car je voulais de plus en plus me plonger dans les histoires d'enfance de Mathilde. Mon seul souvenir de cette petite fille remontait à la clinique, lors de sa naissance. J'ai encore son image de bébé gravée au plus profond de mon être.

Très rapidement, les enquêteurs ont effectué des tests ADN sur l'autre famille. J'avais de toute façon la certitude absolue qu'ils étaient les parents de Manon et je suis certaine qu'eux aussi avaient cette conviction.

Au bout de de quelques semaines, en septembre 2004, les résultats tant attendus arrivèrent. La réponse fut sans surprise : ils étaient bel et bien les parents de Manon, et Davy et moi étions ceux de Mathilde. J'étais soulagée, car enfin la situation devenait claire.

Maintenant, je devais préparer Manon pour lui annoncer une éventuelle rencontre avec sa famille biologique.

— Manon, ma chérie, nous avons reçu les tests ADN de l'autre famille, lui ai-je dit.

— Alors, ce sont eux, mes parents ?

— Oui, les tests le confirment.

Cette nouvelle perturba Manon. Je la sentais inquiète, méfiante. Elle n'avait pas très envie de les rencontrer. Manon les considérait à juste titre comme des étrangers ; elle n'avait aucun sentiment pour eux. Ma fille se referma aussitôt, car elle ressentait tout cela comme un danger. Elle imaginait sans doute que ces preuves formelles allaient conduire à notre séparation, et j'avais le devoir de la rassurer à tout prix.

Je pensais aussi à sa maman biologique, qui avait probablement envie de la voir, de la toucher et de passer quelque temps avec elle. Je ne voulais pas que cette femme se sente rejetée. J'imaginais ce qu'elle pouvait ressentir.

En voyant la réaction de Manon, je dois avouer que j'eus peur également que ma fille biologique ait la même réaction me concernant. Cela aurait été compréhensible. Je m'imaginais de multiples scénarios, tout aussi catastrophiques les uns que les autres.

J'ai longuement discuté avec Manon pour la réconforter.

— Je pense que ta maman biologique ne pourra que

t'aimer et ne te fera jamais souffrir. C'est normal qu'elle t'aime, mais, quoi qu'il en soit, cela ne nous séparera pas.

Je ne voulais absolument pas faire de la peine à Manon. Je trouvais important qu'elle puisse connaître ses origines, son histoire. Sa maman biologique avait besoin de la connaître et de savoir que Manon allait bien. Tout comme moi, avec l'autre petite fille.

— Moi aussi, j'ai envie de connaître cette petite ; alors, je suppose que, pour tes parents biologiques, c'est la même chose, lui dis-je.

Manon finit par être d'accord ; elle avait compris.

L'autre famille devait être déstabilisée, car cela lui tombait sur la tête d'un seul coup. De notre côté, nous avions déjà suivi les procédures, contrairement à ces gens, qui menaient une vie sans histoires, sans problèmes.

J'étais heureuse de savoir, à travers les photos, que ma fille biologique allait bien. Il est évident qu'en voyant la photo de Mathilde, ce fut une réelle émotion. Mon cœur s'était mis à battre très fort quand j'avais vu qu'elle me ressemblait et qu'elle avait aussi des traits de Davy. C'était vraiment un mélange de nous deux.

J'étais tellement soulagée de la voir souriante et en bonne santé. Je me souviens que, dès cet instant, toutes mes peurs s'étaient envolées. J'avais très hâte de la rencontrer.

Mais il me fallait être patiente, car les autres parents devaient annoncer cette nouvelle surréaliste à leur fille. J'imaginais leur douleur. C'était certainement tout aussi terrible pour les parents que pour la fille. Le test ADN avait fait basculer leur vie, sans crier gare, du jour au lendemain.

Un mois environ s'est écoulé, le temps nécessaire pour préparer leur fille et lui annoncer la terrible nouvelle. Entre-temps, j'avais régulièrement des conversations téléphoniques avec la maman. Nous étions impatientes de nous revoir. Nous parlions des enfants. Elle me disait :

— Mais comment vais-je annoncer cela à Mathilde ?

Je lui expliquai comment je m'y étais prise avec Manon et lui racontai de quelle façon elle avait réagi. À mesure que nous parlions, cette histoire nous paraissait, à l'une comme à l'autre, de plus en plus inconcevable. Nous étions tout simplement abasourdies.

Puis, un jour, la maman de Mathilde m'a passé la petite au téléphone. J'étais surprise. Mathilde était à l'opposé de Manon. Elle paraissait très contente et avenante. C'était comme si elle avait vraiment envie de me rencontrer.

Aussitôt, les scénarios catastrophe que j'avais échafaudés s'envolèrent de mon esprit.

17

La rencontre

On rencontre sa destinée souvent
par les chemins qu'on prend pour l'éviter.
Jean de La Fontaine

Nous étions maintenant en octobre 2004, et la vie reprenait son rythme, bien que la mienne fût bouleversée.

J'adorais passer du temps au téléphone avec la mère biologique de Manon. C'étaient des moments de bonheur qui égayaient mon cœur. J'essayais d'imaginer l'enfance de Mathilde : ses rires, ses joies, ses larmes, ses déceptions, ses passions. *A-t-elle les mêmes goûts que moi ? A-t-elle le même caractère ?* me demandais-je. Mes questionnements étaient complexes. J'avais l'impression d'être au milieu de l'océan, car, malgré tout, je me sentais seule. Je me raccrochais à Manon et à Mathilde. Elles étaient pour moi mes bouées de sauvetage.

Dès lors que ses parents ont annoncé la nouvelle à Mathilde, nous avons décidé de programmer une date de rencontre. J'étais impatiente et surexcitée, telle une petite fille attendant de recevoir son cadeau d'anniversaire. J'allais enfin pouvoir la voir en personne. J'en étais ravie ; mon excitation était à son paroxysme.

Le jour J est enfin arrivé. Je me suis réveillée très tôt et en pleine forme. J'attendais cette journée depuis si longtemps. J'ai réveillé Manon qui dormait paisiblement, mais je n'ai pas eu de mal à la convaincre de sortir de son lit.

Nous avons pris la voiture et roulé en direction de la maison des parents biologiques de Manon. Mon cœur battait la chamade. J'avais l'impression d'aller à mon premier rendez-vous amoureux. J'étais à la fois impatiente et craintive.

Lorsque nous fûmes arrivées à destination, il me fallut prendre mon courage à deux mains. Je suis sortie de la voiture, Manon aussi. Les parents nous ont ouvert la porte de leur maison ; ils nous attendaient.

La maison était spacieuse et agréable. Je n'ai pas eu le temps d'observer la décoration, car mon regard est tombé sur une petite fille : Mathilde. En un instant, mes yeux se sont remplis de larmes, mais j'ai essayé de les retenir comme je le pus.

Je me trouvais face à ma fille… et je ne savais pas du tout comment réagir. Mathilde fit le premier pas en sautant dans mes bras. Ses yeux pétillaient de joie de vivre ; elle était contente. Je ne savais pas si vraiment elle réalisait ce qui se passait, mais, peu importe, je profitai de ce moment si unique et inédit. Je la tenais dans mes bras, c'était comme des retrouvailles, car, dès que j'avais su que cette petite fille existait, je l'avais aimée instinctivement. C'était vraiment mon quatrième enfant. Pour une mère, c'était un événement totalement fou, absolument improbable.

Manon était à côté de moi, toute timide. Il est certain que sa réaction était à l'opposé de celle de Mathilde. J'en étais un peu gênée. Manon a été gentille ; elle était simplement sur la retenue, mais elle suivait mon conseil comme si elle ne voulait pas faire de peine.

Elle était moins démonstrative que ma fille biologique. Je me suis retenue de pleurer, car je n'avais pas envie de faire ressentir mes émotions. La joie de Mathilde m'a aidé à retenir mes larmes. Je voulais plutôt sourire, car c'était un moment joyeux.

Les parents biologiques de Manon étaient contents de la voir, mais ce n'était pas facile pour eux, car Manon était moins communicative. Se retrouver face à son enfant âgé de dix ans et qu'on ne connaît pas défie toute logique.

Nous nous sommes installés au salon autour d'un bon café. Nous avons surtout discuté de parents à parents. Les enfants étaient entre eux.

Le temps passa très vite. Nous regardions avec plaisir les photos de nos filles. Nous avons essayé de raconter dix ans de vie en une après-midi. Nous observions nos filles respectives. Nous les dévisagions. Mes yeux étaient souvent rivés sur Mathilde. Je trouvais qu'elle avait mon attitude. L'atmosphère était surréaliste et pourtant bien réelle.

Ce couple et moi ne voulions surtout pas trop impliquer les filles dans une histoire dont, malgré elles, elles étaient le centre. Nous souhaitions les préserver ; c'était notre but premier afin de ne pas brusquer les choses.

Nous évitions de les questionner. Pour avoir des informations sur l'enfance de Mathilde, je m'adressais à ses parents, et vice versa.

Entre adultes, nous pouvions discuter plus librement. Nous souhaitions ne pas dramatiser l'histoire devant les enfants.

J'essayais de poser des questions sur ce que j'avais raté de la vie de Mathilde : ses premiers pas, ses premiers mots, son niveau scolaire, sa vie à l'école, ses copines…

On aurait dit que j'étais une mère amnésique, comme si je venais de me réveiller après dix ans de sommeil. C'était très insolite comme sensation. Je buvais chacune des paroles de la mère biologique de Manon ; j'étais comme assoiffée.

Malheureusement, les heures ont passé trop vite. J'aurais tellement aimé retenir le temps. Malgré tout, je me sentais très fatiguée, comme si j'étais vidée de toute mon énergie, tel un sportif après un marathon. La nuit commençait à tomber ; il se faisait tard, nous devions rentrer. Je m'apprêtais à partir, mais là, ce fut un déchirement. Avoir retrouvé ma fille biologique, puis la laisser et repartir… C'était comme si je vivais une seconde séparation.

Je suppose que, pour l'autre maman, c'était la même chose. Nous, les mamans, aurions eu envie d'avoir les deux petites filles pour nous. Cela paraît peut-être égoïste, mais c'est du moins ce que je ressentais. Et je pense que c'était pareil de l'autre côté.

J'étais déboussolée, troublée, mais surtout j'étais laminée. Manon aussi, mais je ne voulais pas la questionner. Elle aussi devait être assez perturbée, et je voulais la protéger. Nous avions besoin d'un moment de paix, une pause dans notre histoire.

La soirée fut calme, sans presque aucune allusion à ce sujet, comme si nous refermions un roman.

Avant de me coucher, j'ai discuté avec Olivier, mais peu, finalement, car l'après-midi avait été tellement riche que j'avais besoin de me reposer.

La nuit fut belle. Je venais de passer du temps avec mon autre fille. Je ne rêvais que d'une chose : la revoir.

***

Nous avons passé les fêtes de Noël 2004 en famille. Ce jour-là, j'eus une pensée pour cette petite fille, qui était la mienne sans l'être vraiment. J'aurais tellement aimé qu'elle puisse être présente parmi nous. Le père Noël avait tout de même pensé à lui apporter un cadeau que j'allais lui remettre un peu plus tard.

Entre-temps, nous nous étions revues. Un lien commençait à se créer. Nous apprenions au fur et à mesure à nous connaître. Mathilde venait de temps en temps passer le week-end à la maison ; Manon allait aussi chez eux.

Mathilde avait commencé aussi à monter à cheval. Lui faire découvrir ma passion était essentiel pour moi. C'était un beau cadeau de la voir galoper sur le dos de l'animal.

Les week-ends où Mathilde et Manon étaient là, j'étais comblée, sûrement la plus radieuse des mamans. J'aurais aimé que ce soit tout le temps ainsi. J'avais toutefois conscience que cela était impossible. C'était un rêve probablement un peu égoïste de ma part, mais je respectais le fait qu'elle avait une autre maman. J'étais aussi très reconnaissante envers ses autres parents, qui avaient pris soin d'elle en la protégeant et en lui donnant énormément d'amour. Vraiment, Mathilde était une enfant extrêmement bien élevée.

Les week-ends où elle dormait à la maison, je ne la questionnais pas sur son passé, car nous profitions de l'instant présent. Quand j'avais des questions, je préférais les poser à sa mère. Cela me paraissait normal et préférable. Nous ne parlions pas non plus d'avenir.

À la fin de chaque week-end, quand Mathilde devait rentrer chez elle, je ne me sentais pas bien ; la séparation était difficile. Je me sentais comme dépossédée de mon enfant.

De son côté, Mathilde était contente de revoir ses parents, ce qui était tout à fait normal. Manon aussi était ravie d'avoir passé le week-end avec Mathilde. Les deux filles s'entendaient bien. Elles étaient complices et rigolaient beaucoup ensemble. Ce qui était drôle, c'étaient leurs différences : Manon était « nature », alors que Mathilde était très féminine et très coquette. Au point de vue caractère, Manon était moins démonstrative que Mathilde. Malgré toutes ces différences, elles arrivaient à trouver une complémentarité et, inconsciemment, elles se soutenaient, car elles vivaient la même chose.

Le problème que j'avais dans le village était toujours d'actualité ; rien ne changeait. Les voisins se plaignaient constamment auprès du maire et auprès de ma propriétaire. Un jour, elle en a eu assez et elle m'a demandé de partir. Ce fut une grande angoisse, car j'avais une vingtaine de chevaux : ce ne serait donc pas un petit déménagement. Il fallait que je trouve un endroit avec un terrain adéquat pour déménager toute la structure, ce qui n'était pas chose aisée.

Par chance, le propriétaire du Domaine de Clars cherchait un locataire. Le hasard fait bien les choses. Je me suis donc retrouvée dans ce domaine. C'était fantastique. Il y avait toute la structure dont j'avais besoin : une écurie, une carrière, neuf hectares de terrain. La maison était un ancien monastère. Il y avait cinq chambres, un grand salon avec cheminée, une grande cuisine. C'était vraiment très spacieux et nous y étions bien, tout simplement.

18

Descente aux enfers

La route des enfers est facile à suivre ;
on y va les yeux fermés.

Bion de Borysthène

Alors que tout semblait bien se dérouler, vers mars 2005, une distance commença à se créer entre les deux familles. Mathilde venait de moins en moins souvent à la maison. Cela ne faisait qu'accentuer ma tristesse et mon mal-être. Avec ces problèmes, je n'étais pas épanouie, ma relation avec Olivier commençait aussi à battre de l'aile. Je sentais que le bateau commençait à couler.

Face à cette situation, Olivier était impuissant et n'arrivait pas à me réconforter. J'étais distante parce que j'allais mal. Mes problèmes avec mes chevaux, mon ancien voisinage, puis avec cette histoire absurde qui m'arrivait… Tout cela me faisait chavirer. Dans ma tête, plus rien n'allait. Alors, peu à peu, une énorme dépression s'empara de moi. Je ne comprenais pas pourquoi l'autre famille prenait ses distances. J'étais dans le flou, un brouillard complet. Du coup, je rejetai Olivier malgré toute sa gentillesse. Je ne lui parlais pas, car, en fait, je n'arrivais plus à m'exprimer. J'étais devenue une véritable autiste et je n'avais plus goût à rien.

Olivier et moi nous sommes séparés tranquillement, sereinement, sans aucune dispute. Il avait simplement senti que je n'étais pas bien et qu'il ne pouvait m'apporter aucune aide. Il était par conséquent préférable de mettre un terme à notre relation avant que la situation ne dégénère vraiment. Il valait mieux se quitter bons amis.

À la base, cela avait été un coup de cœur et non une grande histoire d'amour. Quand j'étais tombée enceinte, nous nous étions dit que nous allions essayer de faire le chemin ensemble. Malheureusement, cette histoire de bébés échangés nous est tombée dessus, et Olivier n'avait pas forcément les épaules assez solides pour supporter cela. D'autant que ce n'était pas son histoire. Je culpabilisais, j'avais l'impression de lui faire du mal.

Pour notre enfant, Olivier m'a aidée et soutenue. Nous sommes restés en très bons termes et, même encore aujourd'hui, rien n'a changé.

Après cette séparation, je me suis retrouvée seule en amour, mais accompagnée de mes enfants. Malgré cela, je chutais moralement et vivais une descente aux enfers. Je commençais à avoir de plus en plus d'angoisses, une oppression maladive qui m'empêchait de vivre et de travailler normalement. Par moments, je me réfugiais dans ma chambre pour m'isoler. J'avais du mal à supporter le monde ; je ne pouvais plus aller dans les magasins. J'avais une peur panique de sortir de chez moi. C'était terrifiant. Je restais cloîtrée, seule dans mon domaine sans vouloir croiser la moindre personne.

Comme je ne travaillais pas assez, je ne pouvais plus rien payer. Je sombrai donc dans le surendettement. J'étais lucide concernant ma situation ; je me rendais compte que je n'arrivais plus à faire face toute seule. Je n'eus donc d'autre choix que de prendre contact avec les services sociaux.

Malheureusement, je ne suis pas tombée sur une bonne assistante sociale. Elle était plus jeune que moi et n'avait pas d'enfant. Je lui exposai mes problèmes :

— Madame, je n'arrive plus à faire face, dans la vie, je suis très mal. J'ai énormément de dettes, je viens de me séparer de mon compagnon, j'ai plusieurs enfants à charge. Il m'est arrivé une folle histoire : ma fille Manon a été échangée lors de sa naissance à la clinique. Je ne suis pas réellement sa maman. Bref, je vis une histoire très pénible et j'ai besoin d'aide.

— Je pense qu'il vous faut un éducateur, me répondit-elle.

Mon problème n'était pas là ; j'avais simplement besoin d'un soutien. J'étais dépassée par l'organisation de la maison, le suivi de l'administration en général. Je n'arrivais plus à rien faire. Elle allait cibler un problème qui était pour moi la chose à ne pas toucher : l'éducation de mes enfants. S'il y avait une chose qui me permettait de tenir encore debout, c'était de m'appliquer à être une mère digne de ce nom.

J'essayai de lui expliquer mon problème calmement :

— J'ai besoin d'aide pour me réorganiser dans mes papiers. Il y a aussi les rendez-vous à gérer, car mes enfants et moi sommes suivis par des psychologues. Je suis donc noyée dans un océan de paperasse, de rendez-vous, etc.

Elle ne voulait cependant rien entendre.

— Écoutez, il vous faut un éducateur.

— Moi, je n'en veux pas, ai-je répondu sèchement.

— De toute manière, je ferai mon rapport, me dit-elle durement.

— Faites-le, alors.

Quelque temps plus tard, je recevais une convocation d'une juge. Elle voulait me voir avec les pères des enfants.

Voilà un nouveau problème, me dis-je tristement.

Je me suis donc rendue au rendez-vous. Olivier et Joe étaient également présents. Bien entendu, il n'y avait pas de père pour Manon. J'expliquai la situation à la juge et m'en sortis plutôt bien jusqu'à ce que la juge demande à Olivier :

— Est-ce que vous pensez que votre fils est en danger auprès de sa mère ?

— Non, pas du tout. Au contraire !

La juge se tourna vers Joe et lui demanda la même chose.

Je ne sais pas ce qui lui a pris ; peut-être a-t-il voulu se venger.

— Oui, a-t-il répondu.

Je me suis retrouvée avec une enquête sociale sur le dos qui a duré six mois – un problème de plus à gérer. La vie ne me faisait vraiment pas de cadeau et je m'enfonçai encore plus, sombrant plus sûrement et plus profondément que le *Titanic*.

Miracle de la vie ou pas, je suis tombée sur une enquêtrice qui a très bien compris la situation. C'était une dame d'expériencc, et elle était sidérée par l'attitude de l'autre assistante sociale. Elle a mené son enquête normalement en parlant avec mes enfants et avec moi, puis elle a fait un rapport de qualité en ma faveur. Elle avait évalué que je m'occupais très bien de mes enfants, que le problème ne venait pas du tout de là. Il y a donc eu un non-lieu.

J'étais soulagée. Enfin, le ciel me faisait un clin d'œil.

J'ai eu ensuite une assistante sociale extraordinaire qui m'a beaucoup aidée pendant toutes les années qui ont suivi. Elle m'a confiée à une aide familiale qui venait quatre heures par semaine pour remettre de l'ordre dans mes papiers, emmener les enfants aux rendez-vous quand je ne pouvais pas. Je suis donc très reconnaissante envers les services sociaux, car ils nous ont beaucoup aidés pendant ces dernières années.

***

Pendant ce temps, l'enquête continuait. J'appris que les gendarmes avaient ciblé une femme dont le métier était auxiliaire de puériculture. Selon divers témoignages, elle avait des problèmes psychologiques, et on la soupçonnait de boire de l'alcool sur son lieu de travail. Cette nouvelle fut un grand choc. Je pensais que, dans un centre hospitalier, le personnel devait être contrôlé ou dénoncé. Les gendarmes ont alors demandé une expertise psychiatrique pour prouver les dires des autres infirmières.

Quelques semaines plus tard, l'examen confirma que cette femme, qui avait d'importants problèmes psychologiques, mélangeait médicaments et alcool. Au point que d'après le rapport, elle n'était pas en état de travailler. Concernant l'échange des bébés, elle déclara : *« Il y a dix ans, considérant l'état dans lequel j'étais, cela aurait très bien pu m'arriver, mais ne je ne m'en souviens pas. »* Je fus tout bonnement estomaquée par le résultat de cette enquête.

J'appris également que les deux bébés avaient été placés dans le même berceau parce qu'il n'y avait pas assez de lampes et qu'on ne leur avait pas mis de bracelet d'identité !

Ces révélations me minaient et me faisaient du mal. En outre, l'autre famille prenait ses distances de plus en plus, ce qui alimentait encore plus ma tristesse. Manon et Mathilde n'avaient plus l'envie et la curiosité du départ.

J'étais déboussolée et n'avais finalement que peu de nouvelles des autorités. Dans ce genre de situation, je pensais que nous aurions eu de l'aide. Mais non ! La justice n'avait mis aucun soutien à notre disposition. Une bombe avait explosé dans notre vie, et on nous laissait seuls au milieu des décombres.

Dans ma vie quotidienne, je ne pouvais plus rien assumer. C'était toujours la descente aux enfers. Ayant encore des dettes, je fus dans l'obligation de déménager. Je n'avais nullement le choix. J'ai donc emménagé en HLM dans le village de Thorenc.

Le déménagement fut difficile et long puisque je ne pouvais pas me séparer des chevaux du jour au lendemain. Il fallait que j'arrive à les placer.

Par chance, et grâce à quelques connaissances, j'ai trouvé une personne qui avait accepté de me prêter un terrain.

Pendant l'été, j'arrivais à poursuivre mes activités professionnelles, ce qui me permettait de nourrir les chevaux. En même temps, je commençai à les placer chez d'autres personnes. Bien sûr, ce n'était pas de gaieté de cœur, mais je n'y pouvais rien. La situation était tellement compliquée que j'étais dans l'obligation de passer par là.

J'étais prise d'un réel sentiment d'abandon. Du côté de la justice, rien n'avançait. J'avais l'impression d'être seule sur terre. Certes, il y avait des audiences chaque année, mais cela ne progressait pas du tout. Il n'y avait rien qui en ressortait. Cela débouchait toujours sur une nouvelle audience. J'avais l'impression de me trouver dans le carrousel de la justice et qu'il ne s'arrêterait jamais.

Chaque fois, je recevais une lettre pour me dire que l'audience allait se dérouler à telle date. Je n'y allais pas puisqu'il n'y avait que nos avocats qui étaient convoqués.

Je trouvais que mon avocate n'était pas rassurante. Elle me disait simplement que la justice était dans le noir face à ce genre de dossier. Comme je n'avais aucune réponse claire, j'ai choisi de prendre un autre avocat, plus expérimenté.

Au départ, il m'a donné l'impression d'être un homme actif, tonique et plein d'énergie pour mener à bien cette affaire. Mais, au fil du temps, je me rendais compte que rien ne se concrétisait.

— Est-ce que ça serait bénéfique de médiatiser cette affaire pour avoir plus de soutien et pour faire bouger les choses ? lui ai-je demandé.

— Non, a-t-il répondu.

Une nouvelle fois, je me sentais seule. J'étais tellement convaincue par mon idée de faire connaître mon histoire que j'ai contacté France 3. Au début, la journaliste ne me croyait pas, car cela lui semblait complètement surréaliste. Elle a dû se dire : *Encore une illuminée.* Dans le doute, la rédaction a quand même envoyé une équipe. Quand ces gens ont vu que c'était vrai et non du bluff, ils ont été surpris et choqués.

Manon n'était pas avec moi lors de la première médiatisation. Comme elle était encore petite, je n'ai pas voulu l'exposer.

Ils ont diffusé l'histoire, et cela a fait le tour des médias à l'échelle nationale. Malheureusement, cette initiative fut assez stérile. Comme je n'avais pas le soutien de mon avocat, je me retrouvais, une nouvelle fois, toute seule.

Face à cette clinique, on va se faire manger tout cru, pensais-je.

Mon avocat ne me semblait pas être un homme à poigne. J'avais l'impression qu'il se désintéressait de l'affaire. Avec mes moyens financiers, je n'avais pas la possibilité de me battre face à une telle structure. J'étais un petit pois dans un immense saladier. J'avais besoin du soutien de l'opinion publique. J'avais le sentiment qu'on essayait d'étouffer l'affaire. Du coup, j'étouffais moi aussi.

À la maison, j'étais toujours très mal. Je tentais de faire face devant les enfants pour ne pas montrer l'image d'une mère dépassée par les événements. Heureusement que j'avais Martine, l'aide familiale, qui venait quelques heures par semaine. C'était une personne très chaleureuse et humaine. Cette femme aux cheveux noirs, coupés court, inondait mon cœur de bien-être par ses mots rassurants. Souvent, je me confiais à elle. Elle était sensible et très psychologue. Elle trouvait les mots justes.

Entre-temps, la filiation avait été tranchée : chaque enfant restait dans sa famille. Donc, je devenais la maman officielle de Manon. Aucun des parents n'avait contesté. Effectivement, nous n'avions nullement envie de perdre l'enfant que, chacun de notre côté, nous avions élevé. Quand nous avions découvert, Davy et moi, que nous n'étions pas les parents biologiques de Manon, elle s'était retrouvée légalement sans parents pendant quelque temps. Elle avait un avocat et un administrateur ad hoc qui s'occupaient de ses intérêts. Il a fallu attendre que la filiation soit officiellement prononcée pour que les choses rentrent dans l'ordre.

Davy n'étant plus là parce qu'il avait contesté sa paternité, j'étais par conséquent l'unique parent. Manon n'avait plus de papa et le vivait mal ; elle ressentait de la colère. Davy n'était plus son père ; il lui avait fait comprendre qu'il n'avait plus de sentiments pour elle. Cela avait été la rupture définitive.

19

Une affaire médiatique

Je poursuivrai ma chance
jusqu'au fond de l'eau.
Jules César

À Thorenc, c'était l'isolement. Comme nous étions à mille deux cents mètres d'altitude, il y avait beaucoup de neige l'hiver. Je me sentais toujours aussi seule. Puis, il y avait des rendez-vous chez les psychologues pour toute la famille. C'était contraignant. L'endroit où nous habitions était très éloigné des écoles, puisque Manon et Laura étaient scolarisées à Grasse. Il fallait se lever à cinq heures du matin. Il y avait aussi l'éloignement des commerces et des administrations.

Suite à la médiatisation de 2008, mes angoisses se sont amplifiées. Je commençais à désespérer ; je ressentais une fatigue intense, des peurs paniques. J'étais effrayée à l'idée de sortir et de conduire. Je vivais très mal aussi le fait de ne pas avoir de contacts avec ma fille biologique, car nos différences et nos souffrances nous avaient séparées. J'étais malheureuse, perdue, m'enfonçant dans un brouillard intense et une tristesse immense.

Il me restait des chevaux à placer, mais, comme ils étaient vieux, il était très difficile d'y parvenir.

À la vérité, je me battais tant bien que mal. J'avais beaucoup de soutien de la part de Manon et d'un ami de cœur, Jérémy. C'était un homme toujours présent pour les enfants. Il était là dès que j'en avais besoin.

Nous avions eu une petite histoire sentimentale, mais cela n'avait pas duré. Depuis, nous étions restés très amis. Il m'avait beaucoup soutenue durant toutes ces années de galère.

Les angoisses devenaient ingérables et trop intenses ; je me sentais engloutie, j'étais en souffrance profonde, je n'avais plus le goût à la vie. Je n'avais plus de plaisir, de motivation ni de courage.

Je demandai alors à mon psy s'il existait une maison de repos pour que je puisse aller souffler un peu. Je devais faire une pause, ne plus avoir de responsabilités. Il me fallait un moyen de me ressourcer et de retrouver un peu d'énergie, de faire le vide. Mais, comme il n'existait pas de maison de repos ni d'endroit pour m'accueillir, je n'eus d'autre choix que d'aller dans une clinique psychiatrique.

J'ai donc fait, de ma propre initiative, une demande d'admission. Il a fallu s'organiser. Les enfants sont restés avec Jérémy, qui s'occupait aussi des quelques chevaux restants.

J'ai été hospitalisée un mois. Cela m'a permis de reprendre de l'énergie. J'ai réussi en partie à faire le vide.

J'ai fait dcs rencontres ; j'ai vu d'autres personnes en souffrance. J'ai pu m'occuper de moi. Je m'étais tellement inquiétée pour Manon que je m'étais oubliée totalement. Mes enfants passaient avant tout.

Mais cette clinique n'était pas adaptée à mon cas. Je me sentais saine d'esprit par rapport aux autres patients. Je n'étais pas traitée comme il fallait.

Je m'isolais et je réfléchissais beaucoup pour trouver le courage et la force de me battre.

De retour à la maison, ce fut une grande joie de retrouver mes enfants, ma vie et mon chez-moi. Je me sentais complètement ressourcée, même si je conservais tout de même une certaine fragilité.

J'étais très reconnaissante envers Jérémy. Il m'avait permis de prendre ce temps pour moi. Même si l'endroit n'était pas forcément le mieux adapté à ma situation, cela m'avait vraiment aidée à me ressaisir.

J'ai repris une activité saisonnière dans un centre équestre du village voisin. Il me restait deux chevaux sur un terrain à Thorenc. Mes deux chevaux personnels auxquels je tenais le plus. La saison se passait très bien, et je m'investissais comme si je travaillais pour moi-même. La relation entre mes employeurs et moi se passait formidablement bien. Nous devenions très proches, un peu comme des amis. Je ne comptais pas les heures et je travaillais tous les jours.

Manon montait un peu, mais elle avait perdu le goût et la passion. Quelque temps auparavant, sa jument avait eu un petit. Suite à cela, la mère avait fait une attaque cérébrale, avait perdu l'usage d'un membre antérieur et avait dû être euthanasiée. Cet événement avait profondément bouleversé Manon.

En 2013, je n'étais plus en phase avec mon avocat, car il était contre la médiatisation de l'affaire, comme s'il avait quelque chose à se reprocher ou à cacher. J'avais l'impression d'être seule à me défendre. J'avais également la curieuse sensation que cet homme n'était pas vraiment de notre côté.

Je suivais mon instinct. Il fallait dénoncer et trouver du soutien dans ce combat contre cette clinique qui avait de gros moyens face à nous qui étions seules et impuissantes. Cette histoire aurait pu arriver à n'importe qui. Comme cela concernait tout le monde, l'opinion publique devait être sensibilisée pour qu'il y ait une vigilance. Il fallait que les gens n'aient plus une confiance aveugle dans le corps médical, même s'il se présente comme infaillible.

Manon grandissait au milieu de ces tourments. Cela causait de nombreuses difficultés dans sa vie sociale et scolaire. Nous parlions toujours de tout ; nous n'avions aucun secret, mais elle était devenue agressive, se sentait incomprise. Elle entrait en conflit avec ses camarades et ses professeurs, lesquels, la voyant en difficulté, lui disaient :

— Tu n'auras jamais ton bac. Tu ne t'en sortiras jamais.

Manon le vivait très mal. En temps normal, c'est avec ses parents qu'une jeune fille entre en conflit au cours de son adolescence. Mais là, ce n'était pas le cas. Il n'y avait ni conflit ni opposition avec moi.

C'est le monde extérieur qui était compliqué et avec lequel elle avait du mal à vivre. Je me souviens que, lorsqu'elle était au collège, certains cours la mettaient mal à l'aise : par exemple, le jour où un professeur avait demandé à chaque élève de faire son arbre généalogique. Pour Manon, ce fut un exercice impossible. Elle n'avait tout simplement pas pu le faire.

Ma fille était déjà très mature, comme si son enfance avait été écourtée, comme si cette histoire lui avait volé son innocence et son insouciance. Elle avait grandi d'un coup. Cela attisait un peu plus ma colère contre cette clinique. Rien ne pouvait me faire plus de mal que de voir que l'on avait blessé mon enfant.

Je devais réagir et mettre un coup de pied dans la fourmilière. Il fallait montrer que nous ne nous laisserions pas faire et que, malgré tous les moyens mis en œuvre par la clinique pour nous décourager, nous allions nous battre jusqu'au bout pour que leur négligence et nos souffrances soient reconnues.

J'avais entendu parler de Me Collard, réputé avocat, influent, tenace, déterminé. Il semblait être la personne dont nous avions enfin besoin pour nous sentir protégées et soutenues. Il fallait montrer à cette clinique sans scrupules qu'en face il y aurait du répondant.

C'est un grand avocat qui ne se sentira pas dépassé par cette histoire. De plus, c'est un personnage médiatique qui, avec une extrême intelligence, saura utiliser cet atout, pensai-je.

J'ai trouvé ses coordonnées à Marseille et le contactai sans plus attendre. Je ne pensais pas avoir de réponse, mais, finalement, j'ai eu un rendez-vous deux jours après. Ce fut pour le moins rapide. Je sentais déjà de la considération pour ce que nous traversions.

Cette fois-ci, Manon tenait à venir avec moi à ce rendez-vous. Elle souhaitait s'investir dans ce combat qui était aussi le sien. Elle voulait s'exprimer dans les médias pour se libérer, pour confier sa souffrance et sa colère. Cela me faisait peur. Nous en avions parlé et, pour me réconforter, elle m'a dit :

— Merci, maman, tu m'as toujours protégée, mais aujourd'hui je suis grande et je saurai me protéger. Je sais aussi que tu seras là, mais j'ai besoin de vider ce sac, de participer à cette lutte qui me concerne aussi et je veux par-dessus tout te soutenir. Je t'aime, tu n'as pas à te battre seule ; je me dois d'être à tes côtés.

Je fus bouleversée par ces paroles. J'avais une entière confiance en son courage. Je respectais son choix, c'était son droit.

Le jour du rendez-vous, Me Collard nous a rapidement reçues de manière très sympathique et avec beaucoup de chaleur humaine. Il savait déjà ce que nous devions faire et comment nous y prendre. Il était choqué et révolté par le temps qui s'était écoulé depuis la découverte de l'affaire, mais également par le comportement de la clinique.

— C'est stupéfiant, ce qui vous arrive. C'est une histoire qu'il faut faire éclater au grand jour. Il faut dénoncer, car cette clinique ne doit pas s'en sortir, nous dit-il.

Puis, il ajouta :

— Il faut médiatiser cette affaire.

Nous étions réconfortées de nous sentir enfin comprises. Il était tout à fait sur la même longueur d'onde que nous.

Je retrouvai espoir et confiance. Je savais qu'il fallait en parler et dénoncer. Le fait que Me Collard confirme ce que je pensais me redonna confiance en moi. J'avais le sentiment que les choses avaient plus avancé en deux heures qu'en huit ans. Huit années de souffrance, de vie volée. Huit années en suspens.

Après cette rencontre, nous sommes rentrées le cœur un peu plus léger, satisfaites de ce que nous venions d'accomplir. C'était pourtant peu encore, mais c'était énorme pour nous.

Il était prévu avec Me Collard une médiatisation immédiate. Selon lui, cette histoire serait rapidement réglée, car elle avait assez duré.

C'était agréable de sentir qu'enfin un avocat prenait les choses réellement en main. Il avait tant d'assurance, tant de détermination ! Je sentais également que Me Collard était touché personnellement par cette histoire, car il était, lui aussi, père de famille.

Certaines personnes de mon entourage m'avaient cependant mise en garde : faire appel à Me Gilbert Collard, c'était aussi faire appel à quelqu'un appartenant à un parti politique. Cela pouvait me desservir. Pour moi, cela n'avait rien à voir.

Chacun a ses opinions, et il ne faut pas tout mélanger. J'ai toujours suivi mon intuition.

20

Mes tourments

Le temps met tout en lumière.

Thalès

Nous sommes au printemps 2013. Me Collard nous a arrangé un entretien avec le journal *Le Parisien*. Voici l'article paru en mars dans les colonnes du journal.

Bébés échangés : l'incroyable témoignage

C'est la première fois qu'elle parle. Manon, dix-huit ans, a appris il y a huit ans qu'elle a fait l'objet d'une inversion de bébés à la clinique où elle est née.

Le scénario de La vie est un long fleuve tranquille, *film à succès sorti en 1988 dans lequel deux enfants grandissent sans le savoir dans la famille de l'autre, était une fiction et une comédie. L'histoire*

de Sophie et de Manon Serrano, elle, est authentique et dramatique.
Dix ans après la naissance de sa fille, en 1994, Sophie a appris – tests ADN à l'appui – que Manon n'était pas son enfant, ni celui de son compagnon. Stupeur et désespoir ont alors anéanti cette femme, déjà minée par les ragots qui, dans son village des Alpes-Maritimes, stigmatisaient le peu de ressemblance entre Manon et son père.
L'enquête, déclenchée par la plainte de cette famille, a permis d'établir qu'un très malencontreux échange de bébés avait eu lieu la nuit du 8 au 9 juillet 1994 dans la clinique de Cannes-La Bocca où est née Manon. Cette incroyable méprise a bouleversé les destinées de Manon et de Mathilde, l'autre fillette. Et celles de leurs parents respectifs.
En l'absence d'infraction pénale (les nourrissons n'ont pas été intervertis délibérément), l'enquête a été classée sans suite.

Dans le même berceau, sans bracelets
Depuis 2010, les deux familles, qui vivent dans la même région, mais n'ont plus de contacts, ont assigné en responsabilité la clinique, deux médecins accoucheurs, deux pédiatres et une auxiliaire puéricultrice devant la justice civile à Grasse. Une procédure dont la lenteur désespère Sophie Serrano, qui vient de prendre Gilbert Collard comme avocat.
« Devoir restituer son véritable enfant à ses parents est une évidence. L'absence d'interversion des nourrissons relève du minimum que l'on peut

attendre d'un établissement de santé ! » insiste Me Collard. Une succession de dysfonctionnements a conduit à l'inversion des bébés en 1994. Atteintes d'une jaunisse, Manon et Mathilde ont été exposées, une nuit, sous des lampes, dans le même berceau faute de places et surtout sans bracelet d'identité. L'auxiliaire, dépeinte comme peu fiable et souffrant d'un problème d'alcoolisme – ce qu'elle réfute –, s'est ensuite trompée d'enfants. Et la mauvaise tenue des carnets de santé n'a rien arrangé. Selon celui de Manon, par exemple, elle avait grandi de 6,5 cm en quatorze jours. Personne n'a rien vu. L'échange des bébés s'est aussi produit en raison des personnels qui ont « pris à la légère les doutes émis par les mamans au retour de leurs filles des soins », soulignait le procès-verbal de synthèse des enquêteurs.
Depuis 2004, la vie de Sophie, qui aime Manon comme sa fille biologique, n'est plus vraiment un long fleuve tranquille.

Cette publication suscita une déferlante d'appels venant de divers médias. Le téléphone sonnait sans arrêt ; des journalistes faisaient le pied de grue devant notre porte au petit matin.

Je ne m'attendais pas à une telle mobilisation autour de notre histoire. Comme si personne n'avait entendu parler de notre affaire lors de la médiatisation de 2008 ! Comme si, auparavant, personne ne nous avait pris au sérieux ! C'était éprouvant et intense, de dérouler le fil des événements à autant de médias. Les journalistes étaient tous très touchés, ce qui nous mettait du baume au cœur et nous donnait du courage pour supporter cette exposition.

Discrète de nature, vivant isolée dans les villages et dans la nature sauvage avec mes chevaux, je n'appréciais pas spécialement d'être exposée aux yeux de tous. Mais j'avais conscience que c'était nécessaire.

Partager cela avec Manon me donnait beaucoup de courage. Elle m'impressionnait par sa force, sa confiance et sa façon de s'exprimer. J'étais admirative.

Chaque interview était angoissante. Il fallait faire attention à ce que nous voulions dire et ne pas dire. Certaines choses étaient trop personnelles et nous ne souhaitions pas les divulguer. Il fallait aussi faire attention à ce que tout soit parfaitement clair afin que rien ne soit mal interprété ou mal compris. C'était beaucoup de pression. Les journalistes faisaient leur travail ; c'était à nous de mettre des limites.

Nous évitions toutes les questions sur l'autre famille, car nous ne pouvions pas témoigner pour elle. Les parents de Mathilde ne souhaitaient pas s'exprimer ; c'était leur choix, leur droit, et il fallait le respecter.

Cette situation était très prenante, éprouvante, mais cela nous faisait aussi du bien de pouvoir nous exprimer.

Beaucoup de médias se déplaçaient chez nous et nous participions également à des reportages. Nous avons été invitées sur des plateaux télé. Ce furent des expériences tout à la fois enrichissantes et impressionnantes, qui généraient pas mal d'angoisse.

Cette médiatisation nous a permis d'obtenir le soutien des journalistes, certes, mais aussi de personnes qui venaient nous témoigner leur admiration, nous soutenir dans notre combat. Ce fut une belle surprise. C'était agréable de sentir cette mobilisation. Nous n'étions plus seules, car des personnes que nous ne connaissions pas nous soutenaient et nous encourageaient. C'était touchant et motivant. J'étais aussi réconfortée, en constatant la réaction de tous, de sentir que je n'exagérais pas, que ce qui nous était arrivé était très grave.

Fatiguée et éprouvée par la médiatisation et ce combat permanent dans ma vie, je n'avais plus la motivation ni la force de continuer une saison supplémentaire au centre équestre.

J'étais trop prise par mes angoisses. Il m'était impossible de faire monter des personnes à cheval. C'est un sport à risques qui demande énormément de vigilance, de concentration et j'étais bien trop préoccupée pour cela.

La nouvelle fut très mal prise par mes employeurs. Je les avais pourtant avisés plusieurs mois à l'avance. Malgré cela, j'ai été traitée comme une moins que rien. C'était comme si je les avais trahis. Ils oublièrent d'un coup ce que j'avais fait pour eux, la façon dont je m'étais démenée durant l'année précédente. Moi qui pensais qu'au-delà de la relation de travail nous avions tissé des liens d'amitié… Mes employeurs n'avaient en fait aucune compassion pour ce que je traversais. Ils ne comprenaient pas ma situation. Ils ne voyaient que leur intérêt. En colère et agressifs, ils me demandèrent d'enlever mes chevaux de chez eux. J'ai dû accepter et les placer ailleurs à contrecœur. J'en ai beaucoup souffert et j'ai énormément culpabilisé. J'avais le sentiment de les abandonner. J'en ai beaucoup voulu à mes ex-employeurs de s'être vengés de cette manière injuste.

Un jour, j'ai reçu un courrier d'une association que je ne connaissais pas : l'Alliance des femmes pour la démocratie. La présidente en était Antoinette Fouque. Elle me témoignait son soutien et sa sympathie, me proposant de nous venir en aide si nous en avions besoin.

Cette proposition m'alla droit au cœur. J'ai utilisé Internet pour en connaître plus sur cette association. Je fus impressionnée de voir que l'Alliance des femmes pour la démocratie avait pour but de soutenir et aider des femmes dans le monde entier dans leur combat. L'association se battait pour faire valoir le droit des femmes. J'étais admirative et surtout très touchée que des femmes s'intéressent à nous, à notre combat, et viennent nous proposer leur aide. Cette démarche me redonnait confiance.

Tout de suite, j'ai contacté Antoinette Fouque pour la remercier de sa démarche qui m'apportait déjà beaucoup. C'est grâce à nos riches conversations, à cette confiance qu'elle avait en moi sans me connaître, à ses paroles précieuses et riches de sagesse que je repris confiance en moi. Ses conseils me guidaient vers une paix intérieure.

Elle était comme un ange tombé du ciel, venu me tendre la main pour me sortir la tête de l'eau alors que je me noyais. Sans me connaître intimement, elle a su cerner la personne que j'étais réellement, que moi-même j'avais oubliée et me redonner espoir et goût à la vie. Lorsqu'elle me parlait, elle me renvoyait une belle image de moi. Grâce à elle, j'ai retrouvé la force et le courage de me ressaisir, de m'en sortir et de vouloir aller de l'avant.

J'arrivais peu à peu à reprendre le dessus. Je comprenais que je subissais trop. Je devais y mettre un frein et refuser désormais de recevoir les coups. Je n'avais rien à me reprocher. Je devais aller au bout de ce combat. Ma démarche était légitime ; je devais y aller la tête haute.

Le simple fait qu'une personnalité telle qu'Antoinette s'intéresse à moi, elle qui au cours de son existence a fait tellement de choses extraordinaires, me donnait une incroyable motivation. Je n'avais pas d'autre choix que de lui faire honneur en me sortant de cette dépression qui me tuait à petit feu.

Les médias se calmant un peu, j'en profitai pour passer du temps avec mes enfants. Je me sentais mieux.

Je croisais souvent un homme appelé Stéphane. Chaque fois, sa façon de me regarder me troublait. Je sentais une attirance mutuelle. Son regard était doux et rassurant ; il laissait planer un air de mystère. Grand, brun, avec de beaux yeux verts, il était séduisant et joli garçon.

Je n'avais pas trop le cœur pour une nouvelle histoire d'amour, mais la vie et le hasard nous mettaient souvent sur les mêmes chemins. Au début, je trouvais cela étrange. Pourtant, je ne croyais pas vraiment au hasard. Mon amie Ève le connaissait. Elle m'avait amicalement donné ses coordonnées. Je connaissais cet homme depuis longtemps, mais seulement de vue.

Je décidai tout de même de le contacter afin de mieux faire connaissance. Je voulais savoir si ce que je ressentais était bien réel et, surtout, si c'était réciproque. J'étais intriguée ; j'avais besoin de savoir.

Je l'ai senti surpris et très content que je lui parle. Il m'a vite fait comprendre son attirance pour moi et a proposé de me rencontrer.

J'étais ravie, mais aussi anxieuse qu'il découvre ma fragilité psychologique, émotionnelle et ma vie de fou. J'aurais compris qu'il parte en courant. Bien au contraire, nous nous sommes vus, et le courant est bien passé ; l'étincelle était au rendez-vous.

Il était gentil, doux et attentionné. J'étais sous son charme et je sentais qu'il était très attiré lui aussi. Ce fut le début d'une belle histoire d'amour.

Il habitait un appartement à Saint-Vallier. Au début, j'allais lui rendre visite. Nous prenions notre temps. Cela me faisait bizarre de revenir dans ce village. Je me faisais discrète ; je n'avais aucune envie de rencontrer des anciennes connaissances. J'avais peur d'attiser à nouveau leurs médisances ou d'alimenter leurs bavardages.

Suite au bombardement médiatique, j'étais devenue le sujet de conversation préféré des habitants de ce village. Les discussions n'étaient pas toujours très bienveillantes à mon égard, mais il était impossible de faire taire les rumeurs.

Stéphane était très touché par mon histoire de bébés échangés. Lui aussi avait lu les journaux.

Il m'amena dans sa famille, et j'y fus bien accueillie. Ses parents furent très gentils avec moi. C'était une belle famille unie. J'ai présenté Stéphane à mes enfants, qui ont été affables tout en me confiant qu'ils étaient inquiets pour moi, qu'ils avaient peur de me voir encore souffrir. Je les ai réconfortés :

— Rien ne presse entre nous. Nous verrons avec le temps. Aujourd'hui, il me rend heureuse, et c'est tout ce qui compte. Il est impossible de prévoir l'avenir. Maintenant, j'ai peut-être enfin le droit au bonheur.

Cela les rassura.

Nous nous fréquentions depuis quelque temps quand, un soir, alors que nous regardions un film à la télévision, il s'est approché de moi et m'a dit qu'il m'aimait. Puis, il m'a embrassée intensément.

Mon cœur s'est mis à battre la chamade. Ce baiser était doux, plein de passion et d'amour. Il provoqua un désir en moi que je n'avais encore jamais ressenti. Je me blottis dans ses bras. Ses caresses étaient douces et me faisaient frissonner. Je m'abandonnai à lui, et nous fîmes l'amour. Je n'avais jamais pris autant de plaisir avec aucun homme. Je sentais la passion qu'il avait pour moi. J'avais l'impression d'être réellement aimée pour la première fois. Je percevais en lui une sensibilité qui, pour moi, était inédite. Je tombai amoureuse, ce que je ne pensais plus pouvoir ressentir.

Les mois passaient, et notre amour grandissait de jour en jour. J'étais heureuse avec lui, mais mes tourments étaient toujours là.

J'attendais une date de procès pour que la situation puisse enfin évoluer en notre faveur.

Stéphane m'acceptait comme j'étais, avec mes tourments, mes angoisses et mes traitements. Antoinette était toujours là pour nous soutenir… Je devais m'armer de patience et surtout continuer d'y croire.

L'arrivée de Stéphane dans ma vie m'avait beaucoup aidée. Je n'étais plus seule. J'avais de l'amour, de l'attention, de l'affection et surtout une épaule. Un homme était là dans ma vie. Je me sentais protégée et aimée.

Le soir du 20 février 2014, j'appris une nouvelle terrible qui me bouleversa profondément : Antoinette

Fouque était décédée. Cette femme exceptionnelle m'avait sauvé la vie, tendu la main et aidée à reprendre le dessus. Elle était la personne la plus humaine que j'aie eu la chance et l'honneur de rencontrer dans ma vie.

Des larmes me sont montées aux yeux. J'avais le sentiment de perdre quelqu'un de ma famille. C'était tellement brutal ; j'avais encore tellement de gratitude, de choses à lui dire et de reconnaissance à lui témoigner.

21

Le procès

En toute chose,
il faut considérer la fin.
Jean de La Fontaine

Quelques mois plus tard, je reçus enfin un courrier de Me Collard m'annonçant la date du procès : le 2 décembre 2014. Je n'arrivais pas y croire ; c'était comme une première victoire, un énorme soulagement.

Je m'empressai d'annoncer cette nouvelle à Manon. J'étais contente de partager cela avec ma fille chérie.

C'était un grand moment, celui que nous attendions depuis si longtemps. J'étais attristée de ne pas pouvoir partager cette nouvelle avec Antoinette ; elle aurait été si heureuse. Je sais pertinemment qu'elle croyait fort en nous. *Là-haut, elle doit être fière de notre chemin. Elle continue sûrement d'être présente*, me disais-je.

Pour faire honneur à Antoinette et à Stéphane, je décidai d'arrêter mon traitement médical, car, dans cet état, je me sentais emprisonnée comme si je n'étais pas libre de mes émotions. Ce qui n'était pas simple, ni pour ma vie sentimentale ni pour mon estime personnelle. Je ressentais le besoin de reprendre ma vie en main ainsi que le contrôle de mes émotions. Les médicaments m'infligeaient des effets secondaires gênants, telle la perte de mémoire, de réflexion et surtout une grande fatigue.

Certes, ce traitement soulageait mes angoisses, mais il me détruisait de l'intérieur. Je me sentais enfin assez forte pour surmonter l'arrêt thérapeutique. De toute façon, je devais apprendre à gérer seule mes angoisses et surtout à les faire disparaître.

J'avais conscience qu'il me faudrait du temps. Il fallait attendre que cette histoire se termine, mais je sentais que nous étions sur la bonne voie.

Stéphane était là, heureux de ma décision. Il m'encourageait et me soutenait. Avoir une telle épaule sur laquelle me reposer me faisait le plus grand bien.

Pour nous, la vie à Thorenc devenait insupportable. L'état d'esprit dans le village m'exaspérait. Les gens nous critiquaient, puis se mêlaient de notre vie. Et depuis la médiatisation, la situation avait empiré.

Les horaires et les trajets de bus étaient éprouvants pour les filles. Un matin, à six heures, j'ai eu un accident de voiture très impressionnant. J'ai glissé sur une plaque de verglas sur plus de cinquante mètres. Ensuite, la voiture est sortie de la route pour finir contre un arbre. Malheureusement, ma tête a heurté la vitre, et j'ai reçu un projectile en pleine figure. J'ai eu un énorme œil au beurre noir et le menton ouvert. J'étais sonnée et j'avais eu très peur. Par chance, comme je venais de déposer les filles à l'arrêt de bus, j'étais seule.

J'ai appelé Stéphane pour qu'il vienne me chercher. Je pleurais. J'en avais marre de cette vie en montagne, de ce froid et de cette galère qui aurait pu me coûter la vie. Je voulais à tout prix partir, quitter cet endroit. De plus, l'arrêt des traitements avait été un peu brutal. Je me suis sentie très mal pendant le sevrage, au point que je croyais parfois que j'allais devenir folle. Je devais me battre et être patiente.

Je pensais à maman et à Antoinette et je voulais qu'elles soient fières de moi, ce qui m'aidait à tenir le coup. Stéphane et les enfants me soutenaient aussi et croyaient en moi. Cela me donnait du courage et j'en avais bien besoin.

Je me suis mise à la recherche d'un logement à Grasse, la ville de mon enfance, où se trouvaient les écoles des filles. Par chance, j'ai rapidement trouvé un appartement, et ce fut pour le bonheur de tous. Nous avions décidé, Stéphane et moi, de nous installer ensemble. C'était une grande avancée qui me rendait heureuse.

L'idée de partir vivre à Grasse me réjouissait. C'était un nouveau départ, un retour à l'anonymat qui devenait vital pour mon équilibre personnel. Nous déménagions enfin après sept années de vie à Thorenc. *Un changement qui sera sûrement salutaire*, pensai-je.

Anonymat, nouveau départ, vie commune, écoles et commerces à proximité. C'était un nouveau souffle et j'allais de mieux en mieux.

Entre-temps, Manon avait obtenu son bac. J'étais très fière d'elle. C'était une belle revanche sur ce qu'avaient pu dire ou penser ses professeurs. Cela lui donna confiance en elle.

Plus la date du procès approchait, plus l'angoisse grandissait. Mais, cette fois, je la gérais et je la contenais.

Je me disais : *Il faudra affronter une nouvelle fois les médias, une épreuve dure, mais nécessaire, et qui sera bénéfique pour nous.*

Nous avions du soutien, de l'encouragement et de la considération. Je me sentais prête, j'avais surtout hâte d'en finir et de mettre toute cette histoire derrière nous.

Stéphane et moi étions très heureux ensemble. Il me parlait de mariage et de son désir d'enfant. J'étais très touchée : comme lui n'avait pas d'enfant et que j'avançais en âge, nous y pensions sérieusement. J'étais d'accord et j'avais envie de lui offrir ce bonheur.

***

Quelques semaines avant le procès, la médiatisation reprit. Et ce fut très éprouvant.

La clinique nous mettait en cause, estimant que nous, les mères, aurions dû reconnaître nos bébés.

Cette accusation enfonça une nouvelle fois le couteau dans la plaie. C'était d'autant plus dur que nous avions signalé le problème au personnel et que nul ne nous avait écoutées. Je culpabilisais déjà de ne pas avoir pu protéger mon bébé et de ne pas avoir insisté lorsque j'avais eu un doute. C'était un coup bas de leur part, déplacé, et cela me semblait totalement amoral.

D'autre part, la question se posa de notre motivation à intenter ce procès. Pourtant, cela nous semblait parfaitement légitime et normal. Mais il fallut se justifier, expliquer que ce procès n'avait pas lieu pour des raisons purement financières. Comment penser à cela lorsque l'on traverse de telles souffrances émotionnelles ?

Ce fut une torture de devoir expliquer pourquoi nous souffrions, de quoi nous nous plaignions. C'était comme si nous faisions un drame d'une chose sans importance.

Certes, nous avions beaucoup de soutien, mais nous recevions également des messages de personnes malveillantes qui nous critiquaient et nous injuriaient. J'essayais tant bien que mal de ne pas y prêter attention et de n'y accorder aucune importance. C'était difficile, insupportable même, de nous sentir mises en cause, d'avoir le sentiment d'être jugées alors que nous n'y étions pour rien. C'était aussi très dur pour moi d'entendre ou de lire dans les médias qu'il s'agissait d'une simple erreur.

Pour moi, l'erreur est humaine, elle peut être pardonnée. Mais, dans ce cas précis, il s'agissait d'une négligence grave pour laquelle il n'y avait aucune excuse possible.

Ce procès était important pour nous. La clinique devait reconnaître sa négligence et sa responsabilité totale. Nous devions être mises hors de cause, lavées de toutes leurs accusations et reconnues comme victimes. Les avocats réclamaient de grosses peines en réparation de nos préjudices afin de donner corps à nos souffrances.

Pour nous, ce qui était vraiment important, c'était d'avoir un verdict en notre faveur. Peu importait le montant des indemnités, seul le juge pouvait estimer les condamnations. Certains journalistes me disaient :

— C'est impossible que vous n'ayez pas gain de cause.

Mais, pour moi, plus rien n'était impossible. Je m'attendais à tout parce que cette histoire m'avait rendu parano, et j'imaginais toujours le pire.

La veille du procès, je n'arrivais pas à trouver le sommeil. Stéphane me rassurait et m'encourageait. Mon homme de cœur était un vrai amour.

J'étais impatiente d'être à l'audience pour enfin m'en sortir et démarrer ensuite une nouvelle vie. J'avais envie de repartir à zéro.

Nelly et Laurent étaient venus de Lyon pour me soutenir. Depuis quelques années, ils étaient partis vivre là-bas. J'étais très touchée qu'ils aient fait le déplacement, ainsi que Thomas.

Mon amie Christelle était également présente. Elle m'avait beaucoup aidée, ces dernières années, en créant un groupe de soutien sur les réseaux sociaux, ce qui nous avait apporté du réconfort.

Les personnes que j'aimais le plus étaient là.

Manon était plus sereine que moi et sa confiance me réconfortait. Elle avait l'air d'un roc, imperturbable, tellement soulagée d'être enfin arrivée à ce jour tant attendu.

Nous nous étions levées très tôt et, déjà, les journalistes étaient devant la porte.

Arrivées au tribunal de grande instance de Grasse, nous avons rejoint Me Collard. Là aussi, une horde de journalistes attendait pour recevoir nos premières impressions. Ils se bousculaient les uns les autres et nous inondaient de questions. Heureusement que Me Gilbert Collard avait pris les choses en main en nous protégeant.

Manon et moi nous tenions le bras pour faire face. Nous sommes d'abord allées prendre un café et, ensuite, avec Me Collard, nous sommes allées faire le point dans une salle à laquelle les médias n'avaient pas accès.

Lorsque nous sommes sortis, nous avons donné des interviews avant de gagner la salle dans laquelle allait se dérouler le procès. J'avais très peur. Manon était toujours confiante, et son assurance m'apaisait.

Me Collard était très attentionné et nous encourageait. Juste avant le début du procès, il est venu vers nous pour nous prendre la main et nous donner davantage de courage. J'ai beaucoup apprécié son geste d'affection. Il avait conscience que nous étions terriblement angoissées.

L'autre famille est arrivée dans la discrétion. C'était son choix, respectable tout comme le nôtre. Les revoir était bouleversant. Surtout ma fille biologique. Mais une triste réalité s'imposa à nous : nous étions des étrangères. Nos souffrances et nos différences nous avaient séparées et empêchées de créer des liens. Face à cette évidence, mon cœur se remplit de tristesse, mais il fallait que je me fasse à l'idée, je n'avais pas le choix.

Les avocats, tour à tour, se lancèrent dans leurs plaidoiries. Le moment le plus difficile fut lorsque, sans scrupules, l'avocat de la clinique n'hésita pas à rejeter toute la faute sur nous. Je restai forte et ne laissai rien paraître de ma souffrance. Je n'avais strictement rien à me reprocher. Me Collard insista surtout sur le fait qu'il fallait une peine exemplaire pour qu'une telle erreur ne se reproduise plus. C'était vraiment important pour nous aussi. Je fus impressionnée par la plaidoirie de notre avocat et de son indéniable talent d'orateur.

À la fin du procès, on nous a annoncé la date à laquelle serait rendu le jugement : le 10 février 2015. À la sortie, nous avons partagé nos réactions et nos sentiments avec les médias, puis nous sommes rentrées. D'autres interviews ont suivi. Malgré une grande fatigue morale, je me devais de donner des réponses à tous ceux qui nous suivaient et nous soutenaient.

Le soir, le calme était revenu. Ouf ! Je pouvais souffler un peu. Nous discutâmes, Manon et moi, soulagées que ce terrible moment soit passé. Nous avions tout donné. Maintenant, notre sort était entre les mains de la justice.

Noël approchait. Nous avions décidé de prendre du repos et d'aller à Lyon passer les fêtes en famille afin d'oublier un peu tout cela en compagnie des personnes que nous aimions le plus.

***

Le temps d'attente du jugement est passé assez vite, mais je ne parvenais pas à me réjouir, car pour moi, le résultat restait incertain.

Stéphane me soutenait également et était toujours très à l'écoute. Le mois de février approchait. Un soir, Stéphane et moi faisions l'amour intensément et passionnément, et j'ai senti à nouveau la vie s'installer en moi. Alors que j'étais très fatiguée et prise dans l'émotion de ce tourbillon médiatique et juridique, j'avais le sentiment profond qu'un petit cœur battait à nouveau dans mes entrailles.

J'attendis quelques semaines pour faire un test et en avoir la certitude. Cette bonne nouvelle me rendit heureuse et atténua l'angoisse de l'attente. Je l'annonçai à Stéphane.

Aussitôt, il m'a prise dans ses bras et m'a serrée très fort. J'étais vraiment émue de sa réaction. Il était heureux, et c'était pour moi le principal.

Le jour J arriva enfin. La veille au soir, il me fut très difficile de trouver le sommeil. Je me suis levée très tôt le matin. Déjà, devant la porte, se trouvait une cohorte de journalistes. C'était incroyable. Mon téléphone sonnait sans cesse. Je ne répondais pas car j'avais besoin de me réveiller calmement et de me préparer psychologiquement à ce que nous risquions d'apprendre.

Manon et moi, nous prîmes notre petit-déjeuner en tête-à-tête. Nous gardions confiance en la justice. Des petits gestes entre nous pour nous donner du courage, un gros câlin avant de prendre mon téléphone. En regardant mes messages, j'en lus un venant d'un journaliste que nous avions beaucoup apprécié, Manon et moi : *Vous avez gagné !*

Je fus très surprise, mais je m'interdisais d'être heureuse. Il fallait d'abord que je sois sûre de ce que ce message affirmait. J'ai donc contacté Me Collard.

— Je viens de recevoir un SMS d'un journaliste me disant que nous avions gagné, dis-je après l'avoir salué. Que… ?

Je n'ai pas eu le temps de finir ma phrase.

— Il a raison ! répondit Me Collard. Je vous confirme ce résultat ! me dit-il, enthousiaste. Félicitations !

Je fus prise d'un vertige et je tombai dans les bras de Manon qui se tenait près de moi. L'émotion était immense. Manon a tout de suite compris que nous avions gagné. Des larmes de joie coulaient sur son visage. Notre pression s'envola d'un seul coup comme par magie. C'était la délivrance ; un poids énorme quittait enfin nos épaules.

Je n'arrivais pas à y croire. Pour une fois, ce n'était pas un cauchemar, mais un rêve éveillé. Je laissai alors entrer les médias dans la maison afin de partager cet immense bonheur. Cette décision de justice venait réparer en partie toute la culpabilité accumulée. Cela lavait également toutes les accusations et la totale responsabilité de la clinique était enfin reconnue.

Le verdict donnait soudain une véritable légitimité à notre combat.

Le soir, après la pression du résultat et les nombreuses interviews données, je suis tombée de fatigue comme si je mourais pour mieux renaître. Je dormis, comme je ne l'avais jamais fait auparavant, d'un sommeil de plomb. Alors que mon existence était en suspens depuis dix ans, je me sentais enfin libérée, prête à prendre un nouveau départ.

J'allais enfin mettre cette histoire derrière nous. J'allais pouvoir me reconstruire, être libre d'apprécier ma nouvelle grossesse et profiter pleinement de ma tendre Manon, ainsi que de ma merveilleuse famille qui allait encore s'agrandir.

J'allais pouvoir vivre sereinement mon histoire d'amour avec Stéphane, l'homme de ma vie.

Une page venait de se refermer, une autre allait s'ouvrir.

Les liens du cœur

Je termine l'écriture de cet ouvrage avec une conviction unique, ultime : j'aime Manon, ma fille. J'ai traversé des années de tourments, mais j'ai aujourd'hui retrouvé l'envie de vivre et de m'épanouir. J'espère qu'à travers mes maux transformés en mots, vous comprendrez à quel point l'amour pour un enfant existe bien au-delà du sang. Mes sentiments envers Manon sont éternels et aussi puissants que ceux que j'ai pour mes autres enfants. Il n'y a aucune différence. Mon amour pour eux est unique et indivisible.

Aujourd'hui, quand j'observe Manon, je me vois. Elle a hérité de mon instinct, de mes émotions, de ma chaleur, de ma joie, de mes larmes, de mes douleurs, de mes espoirs et de mon énergie.

Je suis elle, et Manon est moi. Au-delà de la vie, nos âmes se sont sûrement mélangées, ou peut-être étaient-elles déjà jumelles au temps de notre passé karmique. Manon est mienne ; mon cœur se liquéfie quand je la regarde, car, nul doute, elle me ressemble.

Avec ce livre, j'ai ouvert mon cœur et mon âme. Je me suis livrée simplement, sans aucun tabou. J'espère que ce voyage dans mon monde aura été agréable malgré les difficultés et les peines. Mais, comme vous le savez, ces peines se sont envolées pour laisser place à la magie de l'amour.

Manon et moi, nous nous sommes unies pour ce combat. Cela nous a rapprochées encore plus fortement. Je suis très fière de ma fille, car elle a parcouru, la tête haute, ce chemin difficile.

Aujourd'hui, elle a eu son BTS. J'en suis vraiment heureuse. Manon est ma plus grande fierté. Elle est et restera mon empreinte sur cette terre.

Je retiens cette citation de Richard Bach : *Les liens qui nous unissent à notre vraie famille ne sont pas les liens du sang, mais ceux du respect et de la joie que l'on partage ensemble.*

Dans ces quelques lignes, tout est dit. C'est le résumé de notre histoire et de notre vie.

Le mot de la fin

Chère maman,

Je t'écris cette lettre aujourd'hui pour te faire part de mon amour et de mon admiration. J'admire toute cette force que tu n'as cessé de montrer durant ce long combat.
Toute ton existence, tu t'es battue contre l'injustice. Notamment ces dix dernières années, où un combat de titans s'est imposé à toi. Et, malgré toute la difficulté de la situation, tu as su rester forte et courageuse.
Toute ma vie, tu as toujours été là. Même quand le monde s'est écroulé, tu n'as pas changé à mon égard. Bien au contraire, tu m'as aimée encore plus fort. Je suis si fière de tout ce qu'on a accompli pour, aujourd'hui, mettre un point final à cette histoire. On s'est battues toutes les deux ; tu as tout donné pour qu'on s'en sorte et pour que je sois forte.
Aujourd'hui, c'est fini. Tout ce combat est enfin derrière nous. J'ai vingt et un ans et je suis une femme solide et souriante grâce à toi, à ton courage

et à ta force. Alors, dès à présent, maman, tu peux te reposer et penser à toi.
Ta petite fille chérie a bien grandi.

Ta fille, Manon

P.-S. – Je t'aime.

Remerciements

À maman, pour tout l'amour, la force et le courage que tu as su me transmettre – le plus bel héritage que je pouvais recevoir.

À Manon, ma fille chérie, pour tout cet amour quc tu m'as apporté. Merci aussi pour cette confiance que tu as toujours eue en moi, pour ton soutien à toute épreuve, pour la belle personne que tu as toujours été et qui me rend si fière.

À Laura et Mickaël, mes merveilleux enfants : vous m'avez donné tant de courage. Votre amour m'a portée et aidée à ne pas sombrer.

À mes frères et sœurs – Nelly, Laurent et Thomas –, pour votre soutien de chaque instant. Votre amour m'a permis de surmonter beaucoup d'épreuves. Vous n'avez jamais cessé de croire en moi même lorsque ma propre foi me faisait défaut.

À Antoinette Fouque, mon ange gardien, la personne la plus exceptionnelle que j'aie eu la chance de connaître. Je vous dois énormément. Vous êtes dans mon cœur à tout jamais.

À l'Alliance des Femmes pour la démocratie.

À une fidèle amie, Johanna, que j'aime énormément, pour son soutien.

À Régine, pour votre soutien et votre bienveillance. Vous avez été merveilleuse avec nous, et cela a beaucoup compté dans notre lutte.

À Me Gilbert Collard, pour votre investissement professionnel, mais aussi humain. J'ai été surprise par votre sensibilité et votre attention. J'en ai été très touchée. Grâce à vous, après toutes ces années d'attente interminable

et de solitude, nous nous sommes enfin senties prises au sérieux, protégées, soutenues et défendues. Merci de nous avoir aidées à obtenir justice.
À Rudy, un beau-père comme tous les enfants de parents séparés rêveraient d'avoir. Tu nous as accueillis dans ta vie comme tes propres enfants et surtout tu as rendu notre maman heureuse.
À mémé Rosette, pour tous ces merveilleux moments en famille qui sont inoubliables.
À Olivier, d'être un si formidable papa pour notre fils et pour ton intelligence de toujours. Beaucoup devraient prendre exemple sur toi.
À mes fidèles amies : Ève, merci pour nos trente ans d'amitié. Tu es une femme exceptionnelle. Surtout, ne change rien.
Christelle, pour tous ces moments partagés et ton soutien qui m'a beaucoup aidée à avancer.
Caro, pour cet amour que tu m'as toujours apporté. Il a comblé beaucoup de souffrances.
À Mamie. Grâce à toi, j'ai découvert les randos à cheval et surtout ma merveilleuse Caramelle, qui m'a tout appris. Tu es dans mon cœur pour toujours.
À Jeremy, pour tout ton soutien, ton amitié sincère et aussi merci d'avoir pris soin de nous au moment où j'en avais le plus besoin.
Aux services sociaux, pour m'avoir soutenue et apporté toute l'aide dont j'avais besoin, sans jugement et avec tant d'humanité.
À Martine, pour toute ta gentillesse et ta sagesse. Nos longues conversations m'ont enrichie et aidée à me relever.
À tatie et tonton, merci d'avoir pris soin de ma fille chérie Manon, de l'avoir aimée autant que votre propre enfant. Vous avez compensé son manque paternel et je vous en serai toujours reconnaissante.
À tous les journalistes, pour nous avoir soutenues, écoutées. Merci aussi d'avoir fait de notre histoire une belle histoire, et de ce combat un beau combat.
À Stéphane, d'être entré dans ma vie et de faire d'elle aujourd'hui un grand bonheur. Grâce à toi, je suis enfin heureuse, et le plus beau reste à venir.

À Pierre Pernez, pour cette belle collaboration à cet ouvrage et pour avoir su m'aider à trouver les mots justes, car il était important pour moi de partager mon histoire et mon combat.
À Anne-Marie Pernez, pour votre relecture bienveillante.
À Frédéric Thibaud, Christian et Sébastien English. Merci de m'avoir fait confiance, comprise et suivie dans cette aventure. Grâce à vous, cet ouvrage a pu voir le jour. Merci beaucoup d'avoir cru en ce projet.
Un grand merci à toutes les personnes qui ont été sensibles à notre histoire et sont venues nous soutenir, nous encourager, témoigner leurs sentiments et partager leurs impressions. Tout ce soutien m'a aidée à retrouver la force de me battre, de me relever et d'aller jusqu'au bout.
Cette victoire est en partie aussi grâce à vous tous, et je vous en suis infiniment reconnaissante.
Surtout, merci à la justice d'avoir reconnu nos souffrances et d'avoir su faire éclater au grand jour les négligences de cette clinique qui ont bouleversé nos vies.